Zeynep Kalkavan

Lesen und Textverstehen in der Zweitsprache

Herausgeber

Gabriele Cwik war Rektorin an einer Grundschule und pädagogische Mitarbeiterin im Ministerium für Schule und Weiterbildung des Landes Nordrhein-Westfalen. Sie ist Schulrätin in der Schulaufsicht der Stadt Essen und zuständig für Grundschulen.

Dr. Klaus Metzger Regierungsschuldirektor, war im Regierungsbezirk Schwaben/Bayern zuständig für alle fachlichen Fragen der Grundschule sowie die zweite Phase der Lehrerausbildung für Grund- und Mittelschulen. Er ist Fachlicher Leiter des Staatlichen Schulamtes Aichach-Friedberg in Schwaben/Bayern.

Die Autorin

Dr. Zeynep Kalkavan ist gegenwärtig Juniorprofessorin für Sprach- und Grundschuldidaktik am Germanistischen Institut der Westfälischen Wilhelms-Universität Münster. Ihre Arbeitsschwerpunkte sind Schriftsprach-/Orthografieerwerb und Zwei-/Mehrsprachigkeit. Sie hat das Erste und Zweite Staatsexamen für das Lehramt für die Primarstufe absolviert.

Zeynep Kalkavan

Lesen und Textverstehen in der Zweitsprache

Cornelsen

Projektleitung: Gabriele Teubner-Nicolai, Berlin
Redaktion: Susanne Hohmann, Frankfurt am Main
Umschlaggestaltung: Claudia Adam, Darmstadt; Torsten Lemme, Berlin
Umschlagfoto: © michaeljung – Fotolia.com
Layout/technische Umsetzung: Ulla Barth, Berlin

www.cornelsen.de

1. Auflage 2012

Druck: CPI – Clausen & Bosse, Leck

ISBN 978-3-589-05179-3

Inhalt gedruckt auf säurefreiem Papier aus nachhaltiger Forstwirtschaft.

Inhalt

Vorwort

„Je mehr kulturelle Unterschiede erfahren worden sind, desto sensibler wird ein Leser oder eine Leserin kulturspezifische Züge eines Textes wahrnehmen und allzu rasche Gleichsetzungen zurückhalten. Wissens-Vorschüsse sind also ein vielversprechendes Mittel, um Leseverstehen in einer weniger vertrauten Sprache zu fördern."

(Reich 1990, 142)

Dieses Zitat soll eingangs die positive Seite von zwei- bzw. mehrsprachiger Erziehung und Schulbildung – speziell im Hinblick auf das Themengebiet Lesen – in den Vordergrund rücken. Häufig schaffen es (Lese)Lernerfolge von Migrantenkindern in Diskussionen über Bildung und Studienergebnisse nur in die negativen Schlagzeilen.

Lesen ist nicht einfach nur einer von mehreren Kompetenzbereichen aus dem Lehrplan Deutsch der Grundschule. Lesefähigkeit wird in Schule und Freizeit erfordert. Sie spielt daher im Schulalltag und darüber hinaus in alltäglichen Lebenssituationen eine prominente Rolle. Ohne ausreichend ausgebildete Lesefähigkeiten können Kinder Texte nicht verstehen und Aufgaben nicht lösen. Dabei stehen unterschiedliche Verfahren der Texterschließung, die Kinder in der Grundschulzeit erwerben sollen, wie z. B. Schlüsselbegriffe im Text unterstreichen, Überschriften zu Sinnabschnitten finden oder sog. W-Fragen stellen bzw. beantworten, im Vordergrund.

Das Buch gibt einen Einblick in das zweitsprachliche Lesen. Zielgruppe dieses Buches sind insbesondere Lehrer, pädagogische Fachkräfte, aber auch Lehramtsanwärter, Studierende und wissenschaftliche Mitarbeiter an Universitäten und weiteren Institutionen, die sich im Arbeitsalltag mit dieser Thematik befassen.

Die einzelnen Kapitel geben einen Einblick über zentrale Teilbereiche wie Literalität oder Fachtextanalysen. Sie sollen es der Lesergruppe ermöglichen, Kernelemente dieses Themenbereiches zu erfassen, um diese schließlich individuell vertiefen zu können. Aus räumlichen Gründen können die thematischen Abhandlungen nicht in ihrer ganzen Komplexität diskutiert werden.

Mein herzlicher Dank gilt Professor Dr. Wilhelm Grießhaber für seine kritischen Anmerkungen, konstruktiven Hinweise und Kommentare. Bei Jana Gamper möchte ich mich für die Übersetzung der Lesetipps für russischsprachige Eltern herzlich bedanken.

Zeynep Kalkavan, Februar 2012

Kopiervorlagen und Webcode: Sie können die Kopiervorlagen aus dem Buch entnehmen oder aus dem Internet als PDF-Datei herunterladen. Zu den PDF-Dateien finden Sie eine Zahlenkombination jeweils unter der Kopiervorlage. Geben Sie diese unter www.cornelsen.de/webcodes ein. Achten Sie bitte darauf, dass beim Ausdrucken bei Seitenanpassung „In Druckbereich einpassen" aktiviert ist, damit Sie eine DIN-A4-Seite bekommen.

1 Theorie

1.1 Zum Kompetenzbereich *Lesen*

Leitfragen für dieses Unterkapitel:

- *Wie lässt sich der Begriff „Lesekompetenz" näher bestimmen?*
- *Welche Teilbereiche impliziert „Lesekompetenz"?*

Der Kompetenzbegriff hat sich in der vergangenen Zeit in den Bildungsstandards und in den Schulcurricula mittlerweile in allen Teilbereichen etabliert. Ziel dieses Buches ist es jedoch nicht, einen allgemeinen Definitionsversuch anzustellen. Es geht ferner auch nicht darum, aus der Wissenschaft und Praxis zu berichten, wie Kompetenzen im Bereich des Lesens in etwa gemessen bzw. ermittelt werden. Interessant ist jedoch ein Blick aus sprachtheoretischer Sicht auf den „Lese-Begriff", der im Anschluss erfolgt.

Ein in der Leseforschung sehr bekanntes Modell für die Definition des Lesebegriffs ist das Lesekompetenzmodell nach Hurrelmann/Groeben (2009). Dieses Modell berücksichtigt wesentliche Teilfähigkeiten bzw. Qualifikationen, die im Kontext von Lesefähigkeiten und Lesesozialisation prominent sind. Die Besonderheit des Modells liegt nicht nur darin, dass es kognitive Leistungen involviert, sondern als gleichwertige Komponenten die emotionale und motivationale Dimension impliziert. Unter Berücksichtigung einer heterogenen Leserschaft – heterogen insbesondere auch im Sinne von mehrsprachig und interkulturell – wirken sich diese Komponenten nicht zuletzt auf reflexive Leistungen sowie sprachlich-kommunikative Handlungen aus. Die personale Ebene rückt daher in den Blickpunkt, da deren Einfluss auf Lesekompetenz entscheidender sein kann als beispielsweise die Differenzierung auf medialer Ebene (z. B. durch die Differenzierung von Textsorten oder Medien).

Dimensionen der Lesekompetenz				
Motivationen	Kognitionen	Emotionen	Reflexionen	Anschlusskommunikationen

Lesekompetenzmodell nach Hurrelmann/Groeben *(2009)*

An diesem Modell wurde allerdings moniert, dass es sich hinsichtlich der Lesesozialisation primär auf Kinder mit Deutsch als Muttersprache konzentriere. Inwieweit dieses Modell noch weiter differenziert werden kann und auch bereits zur Überarbeitung diskutiert wurde, wird in Kapitel 2 in diesem Buch unter Berücksichtigung des Zweitleseerwerbs vorgestellt (vgl. EHLERS 2002, 2006; GRABOW 2005).

Teilprozesse des Lesens

Den Prozesscharakter beim Lesen betont EHLERS (1995, 480) aus Sicht der Zweit-/Fremdsprachenforschung, wenn sie auf die mentalen Leistungen beim individuellen Leser deutet:

> *Lesen ist ein Prozeß, der darauf zielt, zu einem Verstehen eines Textes zu gelangen. Wann der Prozeß abgeschlossen ist und ein realer Leser das Gefühl hat ‚zu verstehen', hängt davon ab, was unter Verstehen verstanden wird, von den Zielen bzw. der Lernaufgabe und den Interessen des Lesers.*
>
> *(Ehlers 1995, 480)*

Wie aber lässt sich der in diesem Zitat noch allgemein formulierte Prozessgedanke ausdifferenzieren? KÖSTER/ROSEBROCK (2009, 104) beziehen Standards bezüglich des Lesens „auf Fähigkeiten, die durch den Umgang mit Texten erworben werden sollen und die für den Umgang mit Texten notwendig sind."

Diese Kompetenzen bewegen sich auf drei unterschiedlichen Ebenen, die sowohl in den Standards angesprochen werden als auch in der Grundschulzeit weiterentwickelt werden sollten:

1. *Ebene der Prozessleistungen* (bspw. sinnverstehendes Lesen)
2. *Ebene des persönlichen Zugangs zu Texten* (bspw. individuelle Reflexion, Empfindungen und Gedanken zu Texten)
3. *Ebene des sozialen Umgangs bzw. Zugangs* (bspw. Stellungnahme zu Texten, Kommunikation über Texterfahrungen)

Ein zentraler Standpunkt der Autoren ist, dass Lehrkräfte bei der Auswahl und Zusammenstellung der Leseaufgaben diese drei Ebenen berücksichtigen sollten. Für ein Kompetenzmodell im Bereich des Lesens werden diese drei Ebenen nach *literalen Vorläuferfähigkeiten, weiterführendem Lesen, Leseverstehen und Textverständnis* zusammengefasst.

Grotjahn (1995, 539 f.) führte den Begriff der *Lesekompetenz* im Zusammenhang der Evaluation zweitsprachlicher Leseprozesse auf mentale Fähigkeiten zurück, die im Wesentlichen auf zwei Ebenen liegen, zum einen auf der *Prozessebene*, „d. h. über den im Leser ablaufenden Vorgang der (Re-)Konstruktion des Textsinns, zum anderen auf der *Produktebene*, d. h. nachträglich über das beim Lesen erzielte Textverständnis."[1]

Basale und weiterführende Lesekompetenzen

Eine weitere Differenzierung in der Auslegung des Begriffs Lesekompetenz erfolgt in der Unterteilung der Kompetenzen in

(a) *basale* und
(b) *weiterführende Lesekompetenzen.*

Unter *basaler Lesekompetenz* ist einerseits die *Worterkennung* zu verstehen. Dazu zählen die Sinnentschlüsselung und die Übertragung in die gesprochene Sprache sowie ein erstes Anwenden von *Lesestrategien*, eine Sinnkontrolle und eigene Korrekturen bei Widersprüchen während der Sinnentschlüsselung bzw. der Lautierung (vgl. Jeuk/Schäfer 2009).

Die *weiterführende Lesekompetenz* impliziert hingegen primär den Weg zum Leseverständnis (vgl. Jeuk/Schäfer 2009). Gemeint ist hier ein allgemeines, globales *oberflächliches Verstehen*, welches eine Reproduktion und eine Zusammenfassung des Gelesenen ermöglicht. Im Gegensatz dazu erfordert das *tiefere Verstehen* eine Vernetzung des Gelesenen mit dem individuellen Vor- und Weltwissen.

1.2 Leseleistungen bei Grundschulkindern mit Deutsch als Zweitsprache

In der öffentlichen Diskussion bildet im Kontext der Lesefähigkeiten das schlechte Abschneiden von Kindern mit Deutsch als Zweitsprache in den letzten Jahren den Diskussionskern, der sich in der medialen Darstellung von Nachrichtendiensten bundesweit verbreitet. Die eingeschränkten Lesefähigkeiten von Kindern mit nichtdeutscher Herkunftssprache werden dahingehend auf der Grundlage der PISA und IGLU-Ergebnisse[2] diskutiert. Auf die IGLU-Studie und die Ergebnisse im Vergleich von Kindern mit und ohne Migrationshintergrund wird in diesem Abschnitt kurz eingegangen.

1 Grothjahn (1995) diskutierte in seiner Abhandlung über zweitsprachliche Leseprozesse primär Lesetestverfahren. Aus Kapazitätsgründen werden Diagnoseverfahren in diesem Buch ausgeschlossen. Sie stellen einen eigenen Themenkomplex in der Leseforschung dar und müssten hier unter dem Aspekt Zweisprachigkeit diskutiert werden.

2 Internationale-Grundschul-Leseuntersuchung (IGLU)

Interessant ist die Korrelation der IGLU-Ergebnisse mit der Zuweisung der Grundschüler[3] auf die weiterführenden Schulen. Diejenigen Kinder, die bei den Erhebungen eine höhere Kompetenzstufe erreichten, besuchten später die Realschule bzw. das Gymnasium (vgl. dazu auch Bos et al. 2007, Griesshaber 2010, 260f). Dass für die Schulformauswahl die sprachlichen Leistungen in allen Fächern (auch Sachunterricht, Religion etc.) – also auch die Leseleistungen – entscheidend sind, spiegelt sich daher im Vergleich der IGLU-Ergebnisse mit dem weiteren Schulbesuch der Kinder wider.

Leseleistungen von Kindern mit Migrationshintergrund in der IGLU-Studie

Der Migrationshintergrund zeigt sich unter Berücksichtigung der sprachlichen Kompetenzen bei der Diskussion der Werte und Leistungen der Kinder im Ländervergleich als ein wichtiges Kriterium. Es zeigt sich, dass die Unterscheidung zwischen Kindern mit und ohne Migrationshintergrund ausdifferenziert wird in Familien, in denen beide Elternteile in Deutschland geboren sind, Familien, in denen ein Elternteil im Ausland ist und Familien, in denen beide Elternteile im Ausland geboren sind (vgl. Bos et al. 2008). So erreichen „Kinder, deren Eltern im Ausland geboren worden sind, auf der Leseskala niedrigere Werte als Kinder mit einem im Ausland geborenen Elternteil sowie Kinder mit in Deutschland geborenen Eltern. Die im Rahmen von IGLU 2006 durchgeführten Mehrebenenanalysen weisen nach, dass der Migrationshintergrund von Kindern auch bei Kontrolle weiterer Rahmendaten einen signifikant negativen Effekt auf das Leseverständnis hat.“ (Bos et al. 2008, 29)

Nicht unerheblich ist zudem in vielen Fällen die soziale Lage der Kinder aus Familien, in denen ein Elternteil oder beide Eltern im Ausland geboren sind, wie auch bei Kindern mit monolingual deutschsprachigen Elternteilen, die in Deutschland geboren sind. Die soziale Lage wirkt sich in allen Fällen nicht zuletzt auf die familiäre Lesesozialisation aus, die wiederum einen erheblichen Einfluss auf die schulischen Leseleistungen bzw. sprachlichen Leistungen hat (vgl. Bos et al. 2007, 2008, 2010). Da die individuellen Lernwege auch im Zusammenhang mit den jeweiligen Klasseneffekten betrachtet werden müssen, stellt diese Gruppe für die Grundschulen eine Herausforderung dar. Aus diesem Grund ist insbesondere in der Grundschulzeit die Kooperation mit den Elternhäusern für die positive Entwicklung der Schulleistungen der Kinder, aber auch für die soziale Entwicklung und Integration von zentraler Bedeutung (vgl. dazu Kapitel 5).

3 Die im Buch verwendete männliche Form bezieht stets die weibliche Form mit ein. Mit Blick auf die bessere Lesbarkeit des Textes wird auf die Verwendung beider Geschlechtsformen verzichtet.

Die Ergebnisse aus dem Vergleich der Leseleistungen von Kindern mit und ohne Migrationshintergrund aus der Studie von 2006 werden von Bos et al. (2008, 22) wie folgt zusammengefasst:

> *Kinder aus Familien ohne Migrationshintergrund erreichen im Bundesdurchschnitt eine deutlich höhere Leseleistung als Kinder, deren Elternteile beide im Ausland geboren sind. In den östlichen Flächenländern liegen die Unterschiede bei 31 Punkten und in den Stadtstaaten bei 45 Punkten. In den westlichen Flächenländern beträgt der Unterschied 49 Punkte, was dem bei IGLU 2006 ermittelten Leistungsunterschied von Jahrgangsstufe 3 zu Jahrgangsstufe 4 entspricht (...).* (Bos *et al.* 2008, 22)

Die familiäre Lesesozialisation als Einflussfaktor

In der Zusammenfassung der IGLU-E-Studie von 2006 wird des Weiteren auf die Genredifferenzen bei Kindern mit Migrationshintergrund hingewiesen. Die Diskussion über Genredifferenzen und, dass in allen Teilnehmerstaaten Mädchen besser abschneiden als Jungen (Bos et al. 2007), findet sich auch in dem besonderen Unterpunkt *Kinder mit und ohne Migrationshintergrund* wieder. So zeigt der Vergleich zwischen Mädchen und Jungen, dass insbesondere Jungen, „deren Familiensprache nicht Deutsch ist und die in einem sozioökonomisch und soziokulturell unterprivilegierten Elternhaus aufwachsen, auf der Gesamtskala Lesen bei IGLU 2006 niedrigere Werte erreichen als Kinder, auf die diese Merkmale nicht zutreffen." (Bos et al. 2008, 29)

1.3 Lesekompetenzstufen nach IGLU

Leitfrage für dieses Unterkapitel:

- *In welche einzelnen Stufen lässt sich Lesekompetenz untergliedern?*

Das Lesekompetenzmodell der Internationalen Grundschul-Lese-Untersuchung bezieht sich auf Grundschultexte und die Messung des Leseverstehens von Grundschülern. Teil der Ergebnisdiskussionen sind wie bereits erwähnt die Leseleistungen von Migrantenkindern. Wie jedoch werden die Leistungen gemessen bzw. die Ergebnisse schlussendlich den Kompetenzstufen zugeordnet?

Mit unterschiedlichen komplexen Leseaufgaben werden Skalenwerte ermittelt. Die Aufgaben beginnen mit Informationen, die explizit dem Text entnommen werden können, und gehen weiter zu Reflexionen, die eine höhere kognitive Leistung von den Schülern erfordert. Diese Skalenwerte geben die einzelnen Fähigkeiten wieder, die sich über insgesamt fünf Kompetenzstufen erstrecken.

Die Lesekompetenz wird auf die zwei Basissäulen des *textinternen* und *externen Wissens* abgebildet. Diese werden jeweils in weitere einzelne Teilfähigkeiten untergliedert.
Im ersten Fall sind das Nutzen bzw. die Verknüpfung von Einzelinformationen und das Herstellen von Beziehungen zwischen Teilabschnitten ausschlaggebend, welche in weitere zwei Unterpunkte (explizit angegebene Informationen erkennen und wiedergeben und einfache Schlussfolgerungen ziehen) aufgeteilt werden.
Bei dem externen Wissen stehen eigenreflexive Tätigkeiten in Bezug auf Inhalt und Struktur im Vordergrund. Hier fließen komplexe Schlussfolgerungen und Interpretationen sowie auch die eigene Bewertung von Sprache und Text im Text ein (vgl. Bos et al. 2007, 2008).

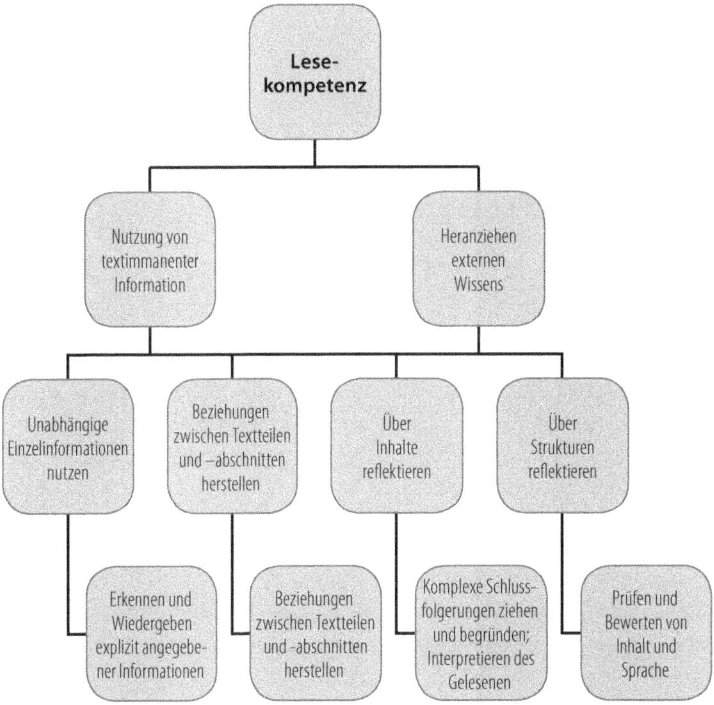

Lesekompetenz nach IGLU (in: Bos *et al. 2007* © Waxmann, *Münster)*

Die Aufgabentypen zu den Grundschultexten orientieren sich an den vier Kompetenzstufen, die in der folgenden Darstellung aufgeführt sind.

Zur konkreten Messung der Lesekompetenzen müssen die zu den jeweiligen Aufgaben erreichten Leistungspunkte aufsummiert werden. Durch diese können dann die jeweiligen Skalenbereiche der Fähigkeiten zu Stufe I bis V ermittelt werden.

In der nachstehenden Tabelle werden die in diesem Konzept berücksichtigten Kompetenzstufen sowie die entsprechenden Skalenbereiche abgebildet.

Kompetenzstufe		**Skalenbereich der Fähigkeit**
I	Dekodieren von Wörtern und Sätzen	< 400
II	Explizit angegebene Einzelinformationen in Texten identifizieren	400 – 475
III	Relevante Einzelheiten und Informationen im Text auffinden und miteinander in Beziehung setzen	476 – 550
IV	Zentrale Handlungsabläufe auffinden und die Hauptgedanken des Textes erfassen und erläutern	551 – 625
V	Abstrahieren, Verallgemeinern und Präferenz begründen	> 625

Lesekompetenzstufen nach Bos *et al. 2007* © Waxmann, *Münster*

Das Kompetenzmodell veranschaulicht die wesentlichen Bereiche, die explizit und implizit für einen „erfolgreichen" Umgang mit Texten unentbehrlich sind. An dieser Stelle zeigen sich sodann die einzelnen Aspekte, die sich im Wesentlichen für Zweitsprachenleser als schwierig erweisen könnten. Eine sprachliche Basis, das erfolgreiche Dekodieren von Wörtern und Sätzen, ermöglicht erst auf der inhaltlichen Ebene das Verstehen einzelner Propositionen (also den „Inhalt" des Satzes). Erst danach ist – wie auch die Kompetenzstufen verdeutlichen – eine intensive Weiterarbeit mit dem Text, wie beispielsweise das Heraussuchen einzelner Informationen, das Aufteilen des Textes in Sinnabschnitte oder gar größere Abstraktionsleistungen, die über eine textnahe Arbeit hinausgehen, möglich.

Was bedeutet das aber für die Zuordnung der Lesekompetenzen bei mehrsprachigen Kindern? Grundsätzlich sind bei einsprachigen und zwei- oder mehrsprachigen Kindern für das Bewältigen komplexerer Leseaufgaben sprachliche Grundfertigkeiten die minimale Voraussetzung. Nach EHLERS (2006, 10) ist jedoch „das Beherrschen von Grundfertigkeiten“ nicht ausreichend. Es geht weit über die sprachlichen Grundfertigkeiten hinaus zu sprachlich und inhaltlich komplexeren Verstehensleistungen, „die mit Abstraktionsbildung, Problemlösen, Schlussfolgerungen, Kohärenz- und Hypothesenbildung verbunden sind“. Dies trifft auch auf die Lesefähigkeiten zu. Sie sind nicht nur für die schulische Bildung von Belang, sondern auch für das Aneignen von Weltwissen. Greift man nun EHLERS' Anregung für die Berücksichtigung der Zweisprachigkeit beim Lesen mit sogenannten Kompetenzmodellen auf, so sollten sich Kompetenzniveaus nicht lediglich in einzelne Anforderungen und Leseaufgaben abstufen lassen, sondern auch in Erst- und Zweitsprache.

Wichtig
Die Lesekompetenzstufen nach IGLU gelten auch für Kinder mit Deutsch als Zweitsprache.
Zu unterscheiden bleiben hier die Schwierigkeiten, die auf den Zweitspracherwerb zurückgeführt werden könnten.

Auf die hier gestellte Frage nach der zentralen Bedeutung der Zweisprachigkeit beim Erwerb von Lesekompetenzen in der Zweitsprache wird im folgenden Kapitel eingegangen.

2 Lesen in der Zweitsprache

2.1 Zweisprachigkeit ist nicht gleich Zweisprachigkeit

Leitfragen für dieses Unterkapitel:

- *Welche Typen von Zweisprachigkeit gibt es?*
- *In welcher Form trifft Zweisprachigkeit auf die Schüler in der eigenen Klasse zu?*

Erst- oder Zweitsprache, Familien- oder Institutionssprache, dominante oder schwache Sprache – diese Aufzählung von Bezeichnungen, die im Kontext von Zweisprachigkeit fallen, könnte man durchaus noch weiter fortsetzen (vgl. Kalkavan 2012a). Was ist jedoch mit Zweisprachigkeit genau gemeint?

Dazu muss zunächst festgehalten werden, dass für eine bessere Verständlichkeit in diesem Buch durchgehend von Zweisprachigkeit und nicht etwa auch von Bilingualismus gesprochen wird, was die fachwissenschaftliche Diskussion um die Begriffe nicht ausschließen soll.

Zur Begrifflichkeit

Faktoren, die den Zweitspracherwerb beeinflussen

In der Fachwissenschaft werden Zweitspracherwerbstypen nach bestimmten Erwerbsbedingungen differenziert. Faktoren wie Alter, Kontaktdauer und Kontaktqualität bedingen den Zweitspracherwerb neben den individuellen emotiven, kognitiven, sensorischen und neurobiologischen Einflüssen (vgl. dazu z. B. Ahrenholz 2010, Kalkavan 2012a).

> Zwei entscheidende Faktoren, die den Zweitspracherwerb vom Fremdsprachenlernen abgrenzen, sind zum einen das Alter und zum anderen die grundsätzliche Unterscheidung zwischen Erwerb und Lernen.

In Bezug auf das Alter bleibt notwendigerweise zu erwähnen, dass neuronale und psychische Entwicklungen bei Kindern bis zur Pubertät noch nicht abgeschlossen sind. Dies ist auch im Hinblick auf didaktische Fördermaßnahmen und familiäre Unterstützung im Kindesalter ein sehr bedeutsames Kriterium.

Die eingangs aufgezählten begrifflichen Unterschiede spiegeln sich in unterschiedlichen Erwerbsbedingungen wider. Dazu gilt es zur Differenzierung der sprachlichen Heterogenität der Schülerschaft u. a. folgende Einflussfaktoren zu berücksichtigen:

Sprachliche Heterogenität und unterschiedliche Zweitspracherwerbstypen

a) Der frühe Erwerb mehrerer Sprachen innerhalb der Familie[4] („früher Zweitspracherwerb").
b) Der frühe Erwerb der Zweitsprache erfolgt zeitlich nach dem Erwerb der Erstsprache („sukzessiver Bilingualismus").
c) Der spätere Erwerb einer Zweitsprache bei Jugendlichen ab dem 12. Lebensjahr („später, sukzessiver Bilingualismus").
d) Die sprachliche Dominanz wird von der Erstsprache auf die Zweitsprache übertragen („transitorischer Bilingualismus").

Der institutionelle Einfluss kann sich im Erwerb der Zweitsprache auf unterschiedliche Weise auswirken. Es muss unterschieden werden zwischen dem Erwerb im Zweitsprachenunterricht, mit oder ohne muttersprachlichem Ergänzungsunterricht, dem Erwerb der Erst- und Zweitsprache im bilingualen Unterricht oder aber dem Erwerb der Zweitsprache im Fremdsprachenunterricht (vgl. REHBEIN/GRIESSHABER 1996).

Der Zusammenschluss dieser Faktoren mit der individuellen familiären Sprachförderung lässt bereits erkennen, wie differenziert die Erst- und Zweitsprachenkenntnisse von Schülerinnen und Schülern mit Migrationshintergrund sein können. Nicht selten erlebt man als Lehrkraft im Unterricht auch leistungsstarke Kinder mit Deutsch als Zweitsprache, die über „bessere" sprachliche Kompetenzen als ihre einsprachigen Mitschüler verfügen. Daher ist die Diskussion über Leistungen und sprachliche Schwierigkeiten von Kindern mit nichtdeutscher Herkunftssprache immer ein zweischneidiges Schwert, da stets die Gefahr der Verallgemeinerung besteht. Dies trifft auch auf die Bereiche Elternberatung und Sprachförderung in der Schule zu. Vielen Migranteneltern der nunmehr dritten und vierten Generation, die selbst auch eine erfolgreiche Schullaufbahn durchlaufen haben, sind beispielsweise literale Fördermaßnahmen durchaus bekannt. Auch hier gilt es bei gut gemeinten Ratschlägen und Beratungshinweisen vorsichtig zu sein.

4 REHBEIN und GRIESSHABER (1996) bringen hier den Begriff *Familiensprache* als diejenige Sprache ein, die im häuslichen Umfeld gesprochen wird. Dagegen fungiert die Sprache, die diese Kinder im Kindergarten oder in der Schule sprechen, als *Sprache der Institution*.

2.2 Leseerwerb in der Zweitsprache

▶ ▶ ▶ Leitfragen für dieses Unterkapitel:

- *Wie können sich sprachliche Stolpersteine auf den zweitsprachlichen Leseprozess auswirken?*
- *Um welche sprachlichen Teilaspekte und Prozesse handelt es sich dabei im Konkreten?*

Aus der Leseforschung zu Zweitsprachenlernern wird an dieser Stelle insbesondere auf eine wesentliche Position hingewiesen. Ehlers (2004) weist unter Bezugnahme auf ihre Studien zu Lesefähigkeiten in Zweit- und Fremdsprache darauf hin, dass sich in erster Linie die sprachlichen Kompetenzen in der Zweitsprache stärker auf die Lesekompetenz in der Zweitsprache auswirken als die Lesefähigkeiten, die Kinder in ihrer Erstsprache besitzen. Die Forschungslage zeigt in diesem Bereich ein weitgehendes Desiderat auf, da im deutschsprachigen Raum zwar die Ergebnisse aus ländervergleichenden Studien (PISA und IGLU) als brisante Diskussionsgrundlagen dienen und die Lesefähigkeiten von Migrantenkindern im Zentrum kritischer Diskussionen stehen, jedoch bislang nur einige wenige Studien gezielt auf die Entwicklung der zweitsprachlichen Leseprozesse eingehen (vgl. dazu Ehlers 2003, 2004, 2009; Griesshaber 2007a, 2010; Siebert-Ott 2003; Reich 1990; Grothjahn 1995). Auch fehlt in den einzelnen Erhebungen der Vergleich zwischen der Leseentwicklung in Erst- und Zweitsprache, um Bezüge zwischen den allgemeinen sprachlichen Kompetenzen und den Lesefähigkeiten herstellen zu können. Es stellt sich demzufolge nach wie vor die Frage, ob sich die dominante Sprachbeherrschung auch in diesem Teilbereich widerspiegelt.

Sprachliche Auswirkungen auf den zweitsprachlichen Leseerwerb

Im folgenden Abschnitt werden die Einzelkompetenzen vorgestellt, die sich auf den Leseerwerb in der Zweitsprache auswirken können.

Inwieweit sich die Leseflüssigkeit auf das Leseverstehen in der Zweitsprache überträgt, erläutert Ehlers, indem sie zunächst aus ihren eigenen Forschungen zu dieser Thematik feststellt, dass bei zweisprachigen Leserinnen und Lesern in vielen Fällen die weniger ausgebaute Leseflüssigkeit hervorragt. Die Gründe dafür sieht die Autorin im Zusammenkommen unterschiedlicher Faktoren. Durch „eingeschränkte Vokabel- und Syntaxkenntnisse“ (Ehlers 2004, 6) haben Kinder mit Deutsch als Zweitsprache eher Schwierigkeiten darin, einen lexikalischen Zugang zum Text, z. B. über die schnelle Worterkennung, zu gewinnen. Kulturspezifische Wissenselemente können je nach Textsorte und Textgattung ebenfalls ein Hindernis sein und möglicherweise Wege für Missverständnisse öffnen.

Ein wesentliches Moment des Textverstehens ist die Integration von Weltwissen, sprachlichem Wissen und Textinformationen. Es wird insbesondere auf die Möglichkeiten der Schlussfolgerungen verwiesen, die dabei helfen, mit dem Text elaborativ zu arbeiten. *Lokale* und *globale* Schlussfolgerungen sind der Weg, eigenes, bereits vorhandenes Wissen mit dem Gelesenen zu vernetzen. Dabei beziehen sich erstere explizit auf einzelne Satzteile und letztere auf die thematische Eingrenzung des Textes.

Vernetzung von sprachlichem, kulturellem und textspezifischem Wissen

Was sind Inferenzen?

„Informationen, die der Leser beisteuert, um zu einer kohärenten Struktur zu gelangen, werden Inferenzen genannt. Mit Inferenzen ist sowohl das Hinzufügen von Informationen gemeint als auch das Herstellen von Beziehungen zwischen verstreuten Textelementen. Inferenzen werden auf der Wortebene bezogen (...), auf der Satzebene (...), auf der Textebene (...)." (Ehlers 2010, 218)

Die Bedeutung des Inferierens liegt darin, dass eigenes Wissen über Texte und Sprache sowie Weltwissen mit Informationen verknüpft werden, die implizit erfasst werden müssen. Genau in diesem Bereich zeigen sich auch deutlich die alltäglichen Schwierigkeiten, wenn junge Leser – mit Deutsch als Erst- und Zweitsprache – die den Texten nicht nur explizit genannte Informationen entnehmen sollen, sondern auch implizites Wissen damit vernetzen müssen.

Wie sich jedoch die Leseschwierigkeiten in der Zweitsprache im Vergleich zur Erstsprache äußern können, wird in den nachstehenden Abschnitten diskutiert.

Wichtig

Lesen unterteilt sich in mehrere Teilprozesse, die je nach Kenntnisstand in der Zweitsprache reibungslos oder mit Verzögerung verlaufen können, beispielsweise im Erfassen einzelner inhaltlicher Aussagen.

Spezifika des Lesens in der Zweitsprache

Ausgehend von der sprachlichen Schwellenhypothese und der Interdependenzhypothese kommt GROTHJAHN (1995) zu ähnlichen Ursachenzuschreibungen für Schwierigkeiten beim Lesen in einer Zweitsprache wie EHLERS (2004, 2008). Diese werden im Folgenden zusammenfassend dargestellt.

Die folgende Auflistung einzelner Kriterien orientiert sich am Schwierigkeitsgrad der Texte und an der steigenden Komplexität der Kriterien (GROTHJAHN 1995):

a) geringer Sichtwortschatz
b) erschwerte semantische Verarbeitung inhaltlicher Zusammenhänge u. a. aufgrund kulturspezifischer Divergenzen (bspw. Konnotationen)
c) Abtönungspartikeln und Strukturwörter
d) unbekannte syntaktische Muster
e) Schwierigkeiten bei der Verarbeitung der Textkohärenz bzw. Nicht-Erkennen kohärenzstiftender Texteinheiten
f) Probleme einer „adäquaten Makropropositionsbildung"
g) sprachkontrastive Merkmale zwischen Erst- und Zweitsprache (bspw. erschwertes Lesen aufgrund syntaktischer Disparitäten)
h) unterrichtsinduzierte Schwierigkeiten, durch die bspw. die Entwicklung von Lesestrategien gehemmt werden

Wichtig
Für einen erfolgreichen Leseprozess ist sowohl Welt- als auch sprachliches Wissen wichtig.

Unter Berücksichtigung dieser Problembereiche soll im nächsten Kapitel unter dem Punkt „Fördermaßnahmen" auf die oben genannten Kriterien näher eingegangen werden.

Sprachliche Teilkompetenzen und ihre Auswirkungen auf den Leseerwerb in der Zweitsprache Deutsch

Die einzelnen Teilkompetenzen wirken sich auf unterschiedliche Art und Weise auf den Leseerwerb in der Zweitsprache aus. Die Kompetenzen, die einen Einfluss auf den Leseerwerb haben können, sind im Wesentlichen die Orthografie, die phonologische Bewusstheit, Vokabelkenntnisse und konzeptuelles Wissen, morpho-syntaktisches Wissen sowie kulturspezifisches Wissen über Textinhalte. Die sprachlichen Bereiche, auf die sich diese Einzelkompetenzen auswirken können, werden in der folgenden Tabelle dargestellt.

Einzelkompetenzen	Auswirkungen auf den Leseerwerb in der Zweitsprache
Orthografiekenntnisse	• Worterkennung/Wortidentifikation
Phonologische Bewusstheit	• sind als „Vorhersager" für den Leseerwerb beim Rekodieren wichtig
Vokabelkenntnisse und konzeptuelles Wissen	• semantische Verarbeitung des Textinhaltes • implizites und explizites Textwissen
Morpho-syntaktisches Wissen	• Satzidentifikation • Satzverarbeitung (syntaktische und semantische Signale) • metasprachlicher Einblick in den Text bzw. auf die Textebene
Kulturspezifisches Wissen über Textinhalte	• semantische und lexikalische Wissenszugänge und (inner-/außertextuelle) Verknüpfungen

Sprachliche Teilkompetenzen und ihre Auswirkungen auf den zweitsprachenspezifischen Leseerwerb (vgl. Ehlers *2003)*

Textverstehen und Textwiedergabe

Textverstehen und Textwiedergaben haben gemeinsam, dass sie die sprachliche und inhaltliche Ebene des Textes mit den Fähigkeiten der Leser verknüpfen. Einen Text kann man allerdings bestenfalls erst dann korrekt wiedergeben, wenn man ihn verstanden hat und die notwendigen sprachlichen Ressourcen vorhanden sind.

In diesem Zusammenhang stellt Grothjahn (1995, 539) die Frage nach der Intention des Begriffs Leseverstehen:

> *Analog stellt sich bei der Evaluation des Leseverstehens die Frage, ob ein bestimmter L2-Lesetest wirklich vor allem Leseverstehen (und nicht etwa in erster Linie Lexik oder Grammatik) erfaßt […].*

Individuelle sprachliche Kompetenz impliziert auch, dass Kinder, die in ihrer Zweitsprache einen Text möglicherweise nicht korrekt wiedergeben können, ihn trotzdem verstanden haben könnten. Interessant wäre daher hier der Blick darauf, ob diese Kinder in der Lage sind, den Text in ihrer Erstsprache korrekt wiederzugeben, vorausgesetzt, ihre Erstsprache ist lexikalisch und grammatisch altersgemäß entwickelt (vgl. dazu auch Rehbein 1987).

Denken und Arbeiten in zwei Sprachen zugleich

GROTHJAHN (1995) konstatiert drei Leistungsbereiche, die für eine Evaluation des Leseverstehens und Interpretation der Leseleistungen in der Zweitsprache ausschlaggebend wären:

(a) Leseaufgabe in der Zweitsprache	(b) vergleichbare Leseaufgabe in der Erstsprache	(c) Grammatik- und Lexiktest

Sprachliche Ressourcen in Unterrichtsprojekten nutzen

Ferner wird auf die Problematik der Praktikabilität in der Praxis und die Schwierigkeiten hingewiesen, ein entsprechendes Testdesign für die Unterrichtspraxis zu entwickeln. Die einzelnen Aspekte, die oben angeführt wur den, werden nachstehend kurz erläutert. In seinem Beitrag zum zweitsprachlichen Leseverstehen geht GROTHJAHN zudem auf unterschiedliche Testverfahren ein, auf die in diesem Buch nicht näher eingegangen wird. Kritisch anzumerken bleibt allerdings, dass „zweitsprachliches" und „fremdsprachliches" Lesen in seinen Ausführungen gleichgesetzt wird – obwohl insbesondere im Zweitspracherwerb Kontaktdauer und Kontaktqualität unter Berücksichtigung des Alters zu berücksichtigen sind (vgl. GROTHJAHN 1995, Fußnote 1).

Zweisprachige Leseaufgaben können fächerübergreifend im Deutsch- und Herkunftssprachunterricht bzw. in einer mehrsprachigen Portfolioarbeit eingesetzt werden. Sie unterstützen eine koordinierte Zusammenarbeit zwischen Lehrkräften. Aber auch in offenen Arbeitsphasen, kleineren Unterrichtsprojekten oder Lerngruppen ist der Einsatz zwei- bzw. mehrsprachiger Materialien sinnvoll.

Bevor auf die Ergebnisse zweier Untersuchungen bezüglich des Textverstehens und der Textwiedergabe bei Kindern mit Deutsch als Zweitsprache eingegangen wird, soll an dieser Stelle auf die Unterscheidung zwischen Arbeits- und Denksprache bei Kindern mit Deutsch als Zweitsprache nach GRIESSHABER, REHBEIN und ÖZEL (1996) hingewiesen werden (vgl. dazu auch REHBEIN 2010a/b). Mehrsprachige Kinder nutzen alle sprachlichen Ressourcen, die ihnen zur Verfügung stehen, sei es in eigenständiger Stillarbeit oder in Gruppenarbeiten. Sie sollten in diesem Bereich Unterstützung finden, wenn ihnen in kleineren Lerngruppen beispielsweise erlaubt ist, in ihrer Erstsprache über Texte oder Aufgaben zu diskutieren (vgl. dazu auch KALKAVAN 2012a).

Wichtig
Kinder können bei der Wiedergabe eines Textes Schwierigkeiten aufzeigen, wenn ihre sprachlichen Ressourcen für das Textverstehen oder die Verbalisierung nicht ausreichen oder aber ihre Unsicherheit die Textwiedergabe hemmt.

> **Wichtig**
> In Unterrichtskontexten können Zweitsprachenlerner durchaus in zwei oder mehreren Sprachen denken und arbeiten. Die kommunikativen Arbeitsphasen unterstützen den Denk- und Verstehensprozess.

Ergebnisse zur Analyse des Leseprozesses eines Zweitsprachenlesers

In den Daten von GRIESSHABER (2010) bezüglich der Textwiedergabe eines Erzähltextes eines Zweitsprachenlesers mit Türkisch als Erstsprache zeigt das Kind hinsichtlich des Wiedergabeprozesses Auffälligkeiten bzw. Charakteristika, die nach GRIESSHABER auf drei unterschiedlichen Ebenen zu verorten sind: Auswahl, Perspektive und Ergänzung. Die Wiedergabe des jeweiligen Textes basiert auf eigenen Rekonstruktionen. Die soeben genannten drei Ebenen sind nach GRIESSHABER mögliche Indizien für Zweitspracherwerbsprozesse, wie die nachstehende Abbildung auch verdeutlicht.

WIEDERGABEPROZESSE bei Zweitsprachenlesern		
	AUSWAHL	• Ausblenden von Routinetätigkeiten, die im Text genannt werden • Fokus richtet sich insbesondere auf aufregende Tätigkeiten und Erlebnisse • Bezug auf Illustrationen
	PERSPEKTIVE	• Der Hauptprotagonist ist zentral und wird zum Mittelpunkt der Geschichte (auch perspektivisch). • Durch Modalverben schreibt der Zweitsprachenleser in der Wiedergabe den Figuren aus dem Text Handlungsabsichten zu.
	ERGÄNZUNG	• Die persönliche und individuelle Erfahrungswelt wird (Weltwissen) in die Textwiedergabe integriert.

2.3 Stolpersteine, Fördermaßnahmen und Ziele

Ein zentraler Faktor ist die Motivation: Sie bestimmt den Grad der Aufmerksamkeit und den kognitiven Aufwand, den ein Leser zu investieren bereit ist.“

(EHLERS 2010, 218)

Leitfragen zu diesem Unterkapitel:

- *Wie könnte eine Leseförderung in der Zweitsprache aussehen?*
- *Inwieweit ist lautes Vorlesen für die Förderung der Leseflüssigkeit effektiv?*
- *Welche Lesestrategien können im Unterricht sinnvoll eingesetzt werden?*

Zur Förderung der Lesekompetenzen in der Erst- und in der Zweitsprache empfiehlt EHLERS (2004, 8) eine zweitsprachliche Lesedidaktik. Lesestrategien seien ein wichtiger Bestandteil einer zweitsprachlichen Lesedidaktik, da sie den Leser „bei der Durchführung von Leseaufgaben" entlasten und „ein Teil von Lesekompetenz" sind.

Lesestrategien als wichtiger Bestandteil einer zweitsprachlichen Lesedidaktik

Zu diesen *Lesestrategien* gehören:
- Selektion von wichtig/nebensächlich
- Antizipieren; Nutzen von Bild-/Titelinformationen
- Inferenzen ziehen (lokal und global)
- Verstreute Informationen in ein gemeinsames Konzept integrieren
- Vorwissen aktivieren und einbringen
- Gliedern eines Textes in funktionale Sinnzusammenhänge, Gliederungssignale erkennen und nutzen
- Textsortenspezifische Merkmale bzw. Gattungsmerkmale wahrnehmen und für die Interpretation nutzen
- Kognitive Flexibilität: Anpassung des Leseverhaltens an die Erfordernisse der Situation, der Aufgabe, des Textes und die eigenen Leseziele
- Metakognitive Strategien der Planung, Kontrolle und Steuerung des eigenen Leseprozesses

(Aus: EHLERS, SWANTJE (2004): Lesen in der Zweitsprache und Fördermöglichkeiten. In: Deutschunterricht 4/2004, 4-10)

Diese Anforderungen entsprechen in ähnlicher Weise auch den Kompetenzstufen der IGLU-Studie, was zeigt, dass die von EHLERS empfohlenen Fördermaßnahmen ebenso für Kinder mit Deutsch als Erstsprache gültig sind. Die Besonderheit, die in diesen Übungsaktivitäten liegt, ist die Kleinschrittigkeit, in der die sprachliche Auseinandersetzung mit dem Text erfolgen muss (vgl. auch die Analyse von Fachtexten in Kapitel 3).

Leseflüssigkeit und Lesegeschwindigkeit

Von der Leseflüssigkeit zum sinnverstehenden Lesen

KÖSTER & ROSEBROCK (2009) weisen auf die Problematik hin, dass sich eine verringerte Leseflüssigkeit auf das Textverstehen und die Weiterentwicklung der Lesefähigkeiten auswirken kann. Sie mahnen an, dass ca. 20 % der Grundschulkinder die Schule mit mangelhaften Lesekompetenzen verlassen. Dies zeigt sich vor allem darin, dass diese Kinder Wörter weniger automatisiert lesen und Sätze nicht eindeutig sequenzieren können sowie Betonungen und Pausen nicht (ausreichend) berücksichtigen.

Zu empfehlen sei diesbezüglich das wiederholte laute Lesen zur Förderung der Leseflüssigkeit (ROSEBROCK et al. 2011)[5]. Wenn Kinder mit Deutsch als Zweitsprache und leseschwache Kinder mit Deutsch als Erstsprache Probleme im schnellen Worterkennen haben, erfordert dies eine Übungsform, die zu einer besseren und sichereren Leseflüssigkeit führen soll.

Förderung des Leseverhaltens durch Lautleseverfahren und begleitendes Lesen

Was schließlich beim Lautleseverfahren und beim begleitenden Lesen zu einem flüssigen Leseverhalten führt, ist die Wort- und Satzidentifikation, aber auch das Wort- und Satzverständnis. Neue Wortkombinationen können schneller eingeprägt und orthografische Besonderheiten sowie auch Schlüsselwörter zügiger erkannt und erfasst werden (vgl. auch LÜTKE 2009; GROTHJAHN 1995). Nicht unbeachtlich sind die Sinnkonstruktion und die mentale Verarbeitung des Gelesenen, denn Lesen ist nicht nur ein mechanischer Prozess, sondern vor allen Dingen auch eine Verstehens- und Interpretationsleistung. Leseverfahren sowie Strategien sollen geübten und ungeübten Lesern den kognitiven Weg von einem Rekodieren zum sinnverstehenden Lesen erleichtern. Erinnert sei an dieser Stelle auch an den Sichtwortschatz, der bei fortgeschrittenen Lesern viel umfangreicher ist als bei ungeübten Lesern. Das *Rekodieren* bezieht sich noch vor der Sinnentnahme auf das Erkennen und Verarbeiten von Schriftzeichen auf der Buchstaben- und Wortebene. Ausgangspunkt bilden für den Prozess des Rekodierens die grafischen und orthografischen Informationen, die abgebildet sind. Das *Dekodieren* entspricht hingegen der Bedeutungszuordnung. Es kann nur bei erfolgreicher Rekodierung erfolgen, wenn im semantischen Lexikon des Lesers ein äquivalenter Eintrag existiert.

Leseflüssigkeit umfasst als eine Teilleistung im gesamten Leseprozess die folgenden vier *Fähigkeiten*:
1. ein exaktes *Dekodieren* von Wörtern,
2. die *Automatisierung* von Dekodierprozessen,
3. das Erreichen einer angemessenen schnellen *Lesegeschwindigkeit*,
4. eine angemessene *Betonung* des Gelesenen
(vgl. ROSEBROCK/NIX 2007).

Das wiederholte und begleitende Lautlesen steigert nicht nur die Leseflüssigkeit, sondern fördert auch die Fähigkeit, Wörter und Sätze zu identifizieren. Erst dann ist es dem Leser möglich, die Wort- und Satzebene zu über-

5 Vgl. dazu das angelsächsische Konzept des „Fluency", bei dem lautes und betonendes Lesen mit der Verknüpfung des sinnverstehenden Lesens eine Einheit bildet (nach KEITH TOPPING/vgl. ROSEBROCK/ NIX 2007; ROSEBROCK et al. 2011).

schreiten und den vorliegenden Text als Gesamtstruktur zu erfassen. Die Textstruktur, die bereits formal durch die Gliederung in (Sinn)Abschnitte erste Hilfen zum Textverstehen bietet, muss daher auch in einem fortlaufenden Lese- und Verstehensprozess inhaltlich erfasst und Textinhalte reflektiert bzw. verstanden werden. Gemeint ist nicht das „gemeinsame Lesen" in der Klasse im gleichen Tempo, was (leider) heute noch häufig in Klassenräumen praktiziert wird und worin sich Kinder mit anschließenden Leseübungen zum Textinhalt äußern müssen. Hier gilt es auch die von ROSEBROCK/NIX empfohlenen Übungstechniken zum lauten und begleitenden Vorlesen von einem Vorlesen und Textverstehen im gleichen Rhythmus klar voneinander zu trennen[6]. ALTENBURG (2005) warnt in derartigen Fällen vor einer Kontraproduktivität und postuliert ebenso die starke Trennung zwischen *Textvortrag* und *Textverstehen*.

Die Lesegeschwindigkeit

Nach ROSEBROCK et al. (2011) liest ein durchschnittlich geübter, erwachsener Leser still ca. 250 bis 300 Wörter in der Minute (WpM) und laut bis zu 160 bis 170 WpM. Faktoren, die sich im Leseprozess auf die Lesegeschwindigkeit auswirken, sind u. a. der Schwierigkeitsgrad des Textes sowie die Leseziele[7]. Mögliche Ursachen für eine verzögerte Leseflüssigkeit könnten z. B. im Falle eines stockenden Lesens in einem mangelnden Automatisierungsgrad oder für das monotone oder abgehackte Lesen in einer mangelnden modularen Sequenzierung liegen (vgl. ROSEBROCK et al. 2011, 62). Auch dieser Umstand trifft sowohl für zweisprachige als auch für einsprachige Kinder zu.

Im Bereich der Grundschule verweisen die Autoren auf die Daten von KLICPERA und GASTEIGER-KLICPERA (1993, in: ROSEBROCK et al. 2011). Die Untersuchung, die diesen Daten zugrunde liegt, basiert auf mehreren Stichproben bei etwa 800 Schülern[8]. Die Daten wurden primär beim stillen und beim lauten Lesen von der Mitte der zweiten bis zum Ende der achten Klasse längsschnittlich erhoben. Eine zweite Datenquelle bilden die Erhebungen in

6 In der Reihe der Übungsverfahren gelten Lautleseverfahren als direkte Übungsmethoden. Im Gegensatz dazu zählen die Vielleseverfahren als indirekte Methoden (vgl. ROSEBROCK et al. 2011, 22).

7 Zur Überprüfung des Leseprozesses in der Zweitsprache bei Schülern in einer Kleingruppenförderung vgl. GRIESSHABER 2010, 264 ff.

8 Bei der Datenerhebung wäre die Unterscheidung zwischen Kindern mit Deutsch als Erstsprache und Kindern mit Deutsch als Zweitsprache sehr wichtig, da sich die Ergebniswerte diesbezüglich möglicherweise voneinander unterscheiden könnten.

verschiedenen Klassenstufen im Querschnitt miteinander[9]. Die Grundlage für die Tests bildeten Wortlisten und kurze Texte, wobei ein Gesamtüberblick zeigt, dass beim lauten Lesen von Wortlisten im Vergleich zum lauten Vorlesen von Texten insgesamt schlechtere Ergebnisse erzielt wurden. Der fehlende Kontext bei Wortlisten führt beim Lesen – sowohl laut als auch leise – zu einem erschwerten Leseprozess. Umgekehrt ausgedrückt, erleichtert ein sinnvoller Kontext, in dem ein Text eingebettet ist, den Leseprozess.

Bei den Beispielen für die Durchschnittswerte beziehen sich ROSEBROCK et al. auf die Ergebnisse des Geschichtenlesens, da dieser die Geschwindigkeit sowie die Fehlerzahl beim lauten Lesen erfasst. In der nachstehenden Tabelle erkennt man, dass der Prozentsatz der falsch gelesenen Wörter mit zunehmendem Alter abnimmt, hingegen die Anzahl der (laut) gelesenen Wörter pro Minute zunimmt.

	2. Schuljahr	3. Schuljahr	4. Schuljahr	8. Schuljahr
Falsch gelesene Wörter (in Prozent)	3,8	3	2	1,7
Laut gelesene Wörter pro Minute	80	110	130	180

Durchschnittliche Entwicklung von Lesegenauigkeit und Lesegeschwindigkeit nach KLICPERA/GASTEIGER-KLICPERA *1993, in:* ROSEBROCK *et al. 2011,* © KALLMEYER: *Seelze)*[10]

Allerdings fehlt hier jeglicher Hinweis auf eine Differenzierung zwischen der Lesegenauigkeit und Lesegeschwindigkeit bei Kindern mit Deutsch als Erst- und Zweitsprache. In Anbetracht der Forschungsergebnisse zu Schwierigkeiten beim Textverstehen sowie allgemein im Leseprozess bei zweisprachigen Kindern, die es jedoch auch individuell zu unterscheiden gilt, wären auch Datenerhebungen zwischen diesen Lesergruppen gegenüberzustellen. Dies würde ferner Einzelfallanalysen bzw. Untersuchungen in Kleingruppen im Rahmen der Zweitspracherwerbsforschung bestätigen oder infrage stellen.

9 Von diesen Kindern besuchten 36 % eine allgemeinbildende höhere Schule, 58 % eine Hauptschule und 4 % eine integrierte Gesamtschule und 2 % eine „Sonderschule“ (ROSEBROCK et al. 2011, 56).

10 Die Tabelle wurde von ROSEBROCK et al. aus KLICPERA/GASTEIGER-KLICPERA 1993 entnommen. Sie soll auch hier lediglich einen Hinweis auf durchschnittliche Leistungen geben und nicht zum genauen Vergleich der Werte dienen.

Aus den erhobenen Daten kann man dessen ungeachtet entnehmen, dass die Entwicklung vom zweiten bis ins achte Schuljahr im Allgemeinen nur sehr langsam vollzogen wird. So lesen am Ende des achten Schuljahres etwa 7 % der Schüler immer noch mit so vielen Fehlern wie der Durchschnitt in Klasse 2. Ähnliche Werte liegen auch im Vergleich zur Lesegeschwindigkeit vor, wenn „am Ende der 8. Klasse 11 Prozent der Kinder immer noch langsamer [laut lesen] als ein durchschnittlicher Viertklässler" (Rosebrock et al. 2011, 57).

Andererseits ist die Leistungssteigerung insofern interessant, da sich ein- und zweisprachige Kinder offensichtlich auch über die Grundschulzeit hinaus in ihren Leseleistungen deutlich verbessern können und sich ihre Lesekompetenzen weiterentwickeln[11].

Es soll an dieser Stelle kurz von einer Studie berichtet werden, die die Lesekompetenzen von Kindern mit Deutsch als Erst- und Zweitsprache vergleicht. Gold et al. (2010) führten eine Vergleichsstudie bei Kindern mit und ohne Zuwanderungsgeschichte durch. Die Bereiche, die abgefragt wurden, waren kognitive Grundfertigkeiten, Wortschatz, Lesegeschwindigkeit und Textverstehen[12]. Die Daten wurden bei insgesamt 527 Schülern aus 31 Haupt- und Gesamtschulklassen (Jahrgangsstufe 6) erhoben, davon 196 Kinder mit Deutsch als Erstsprache und 330 Kinder mit Deutsch als Zweitsprache.

Leseleistungen unter dem Einfluss milieuspezifischer Unterschiede und familiärer Lesesozialisation

Die Ergebnisse der Analyse zeigen, dass mit Blick auf die Leistungswerte für die Bereiche Textverstehen und Leseflüssigkeit bei leseschwachen Kindern die Werte bei den beiden Gruppen durchaus vergleichbar (schlecht) sind (Gold et al. 2010). Werte, die dagegen eine höhere Diskrepanz zwischen den Gruppen aufzeigten, lagen in den Bereichen Berufsstatus der Eltern (also milieuspezifische Unterschiede) und einer familiären Lesesozialisation. Bei diesen beiden Variablen erzielten die Kinder mit Zuwanderungsgeschichte (nach Selbsteinschätzung) schlechtere Ergebnisse. Dazu berichteten Kinder mit Deutsch als Muttersprache von „einer vergleichsweise günstiger verlaufenden familiären Lesesozialisation" (Gold et al. 2010, 65). Aspekte, die von den zweisprachigen Kindern allerdings deutlich positiver gewertet wurden, waren „das lesebezogene Selbstkonzept und die selbstberichtete Lesemotivation" (Gold et al. 2010, 65f.). Dieses Ergebnis

11 Als Faustregel für die Unterrichtspraxis geben Rosebrock et al. (2011, 62) Erfahrungswerte an, die bei etwa 100 Wörtern pro Minute beim stillen und lauten Lesen liegen.

12 Als Testverfahren wurde der ELFE-Lesetest, das Salzburger-Lesescreening sowie der CFT 20 eingesetzt.

muss als Herausforderung an die Leseförderung bzw. Lesedidaktik in Betracht gezogen werden. Eine zweitsprachliche Lesedidaktik wäre also auch unter diesem Gesichtspunkt durchaus sinnvoll, wenn sie an die selbstreflektierte Motivation der Kinder anknüpft und diese als wichtige Ressource für Vertiefungen in den schwächeren Bereichen (wie Wortschatz) nutzt.

Betontes und segmentierendes Lesen für eine bessere Sinnentnahme
Zusätzliche Faktoren, die beim Lautlesen ins Spiel kommen, sind die Segmentierungsfähigkeit und die Betonung. Warum insbesondere Betonung und Prosodie beim Lautlesen bedeutend sind, zeigt die aktive Sinnentnahme, denn „[a]ngemessenes betontes Lesen ist deshalb so wichtig, weil dadurch innerhalb eines Satzes semantisch und syntaktisch zusammengehörende Sachverhalte sinnstiftend zusammengezogen werden" (Rosebrock et al. 2011, 19). Nicht nur auf die Zuhörer wirkt der Text durch monotonstockendes Vorlesen schwer verständlich, sondern auch für den Leser selbst. Auswirkungen der Zwei- bzw. Mehrsprachigkeit lassen sich in diesem Teilbereich dann aufzeigen, wenn Kinder mit dominanter Erstsprache die Zweitsprache Deutsch erst sehr spät erwerben und das zweitsprachliche phonologische System ebenfalls erst zu einem sehr späten Zeitpunkt erworben wird und eine zusätzliche familiäre oder schulische Förderung fehlt. Im Vergleich sprachkontrastiver Merkmale bezüglich der Lautsysteme zwischen dem Deutschen und anderen Sprachen, kann für das Türkische beispielsweise das Fehlen von langen Vokalen, für das Arabische Kehl- und s-Laute kennzeichnend sein, aber auch mögliche Ausspracheschwierigkeiten beim späten Zweitspracherwerb in Bezug auf Umlaute und für das Arabische ungewöhnliche Konsonanten wie /p/, /ts/ oder /pf/. In Anbetracht der Lernvoraussetzungen für einen möglichst reibungslos verlaufenden Schriftspracherwerb sind die Ausbildung und die korrekte Prosodie nicht nur für die mündliche Kommunikation, sondern eben auch für das Lesen- und Schreibenlernen von großer Bedeutung.

Stimmliche Modulation beim lauten und leisen Lesen

Über die stimmliche Modulation werden auch beim lauten und leisen Lesen Akzente für die Sinnentnahme gesetzt, die sich in Betonungen bzw. Betonungsdehnungen oder Pausen widerspiegeln. Vor allem aber steigert dies auf einer weit höheren Stufe die Konzentration auf grammatische Bezüge innerhalb eines Satzes und innerhalb des gesamten Textes, durch Subjekt-Objekt-Beziehungen, sprachliche Referenzmittel zur thematischen Fortführung im Text oder textverknüpfende Mittel wie *und*, *oder* usw. Dazu zählen nicht zuletzt auch morphologische Endungen, die beim lauten Lesen

Wichtig
Leseverstehen wird für den Leser selbst und für die Zuhörer u. a. durch eine sichere Leseflüssigkeit sowie Betonungs- und Segmentierungsfähigkeiten bedingt.

häufig verschluckt werden, für Kinder mit nichtdeutscher Herkunftssprache aber einen sprachlichen Stolperstein bilden. Hier sei zudem auf Segmentierungsschwierigkeiten, z. B. die silbische Segmentierung auf Schriftebene (Worttrennung) im Vergleich zur mündlichen Segmentierung sowie die Möglichkeiten zur Förderung dieser Fähigkeiten hingewiesen.

Integratives Lesetrainingsprogramm

Für eine Vernetzung differenzierter Fördermaßnahmen in einem kompakten Lesetrainingsprogramm plädieren auch Bertschi-Kaufmann et al. (in: Rosebrock et al. 2011, 45 f.). Deshalb scheint das vorgestellte binnendifferenzierte Lesetraining auch im Hinblick auf die allgemeine Sprachförderung viel effizienter zu sein, da es zwar in unterschiedliche Teilprozesse gegliedert ist, gleichwohl aber eine in sich geschlossene Einheit bildet. Auf kognitiver Ebene zielen die Übungsformen darauf ab, einer umfassenden Leseförderung gerecht zu werden, ohne einzelne Teilfähigkeiten abzugrenzen und höher zu gewichten als andere.

Lesetraining als differenzierte Fördermaßnahme

Das Lesetraining ist vorgesehen für einzelne individuelle Fördermaßnahmen sowie für den Einsatz in größeren Lerngruppen. In den drei Übungseinheiten *(Lesefertigkeiten, Leseflüssigkeit und Lautleseverfahren, Lesestrategien)* sollen differenzierte Übungshefte eingesetzt werden, die je für zwei Komplexitätsstufen vorgesehen sind. Die Hefte enthalten beispielsweise kurze Lesetexte oder Kontrollbögen für die Leseleistungen, die in den einzelnen Übungsphasen genutzt werden sollen.

Teil 1: Lesefertigkeiten	• Wahrnehmung der Buchstaben-, Wort-, Satzebene fördern • Verbesserung der Automatisierungsleistungen der Leser durch einzelne Übungen (z. B. Blickspannenerweiterung, Buchstabengruppen und Wortstämme erkennen, Satzteile zu kurzen Geschichten verbinden)
Teil 2: Leseflüssigkeit und Lautleseverfahren	• Lautlesen mit einem Lesepartner, der das Vorlesen Kriterien geleitet auf einem Kontrollbogen mitschreibt (zu diesen zählen z. B. die Lesegeschwindigkeit, die Lautstärke, die Lesefehler) • Ein Selbstdiagnosebogen hilft den Lesern dabei, selbst ihre Leseleistung zu reflektieren • Der abschließende Vergleich zwischen Kontrollbogen des Lesepartners und des Selbsteinschätzungsbogens ist die Grundlage eines gemeinsamen Auswertungsgesprächs

Teil 3: Lesestrategien	• Sechs Lesestrategien, die vor, während und nach dem Leseprozess eingesetzt werden können (vgl. dazu Kap. 2, S. 24 und S. 38)

Übungseinheiten des Lesetrainings nach BERTSCHI-KAUFMANN *et al. (vergl.* ROSEBROCK *et al. 2011, 45 f.)*

Die flexible Handhabbarkeit der Übungsphasen und Materialien beruht auf dem Gedanken der Binnendifferenzierung. Die Autoren sehen es daher vor, je nach Leistungsstand der Kinder das Lesetraining der entsprechenden Lerngruppe anzupassen. Der Aufbau sowie die Zielsetzung des Lesetrainings werden in der nachstehenden Abbildung zusammenfassend dargestellt.

Wichtig
Ein möglichst effizientes Lesetrainingsprogramm sollte die Teilprozesse *Leseflüssigkeit, Lautleseverfahren* sowie *Lesestrategien* integrativ behandeln.

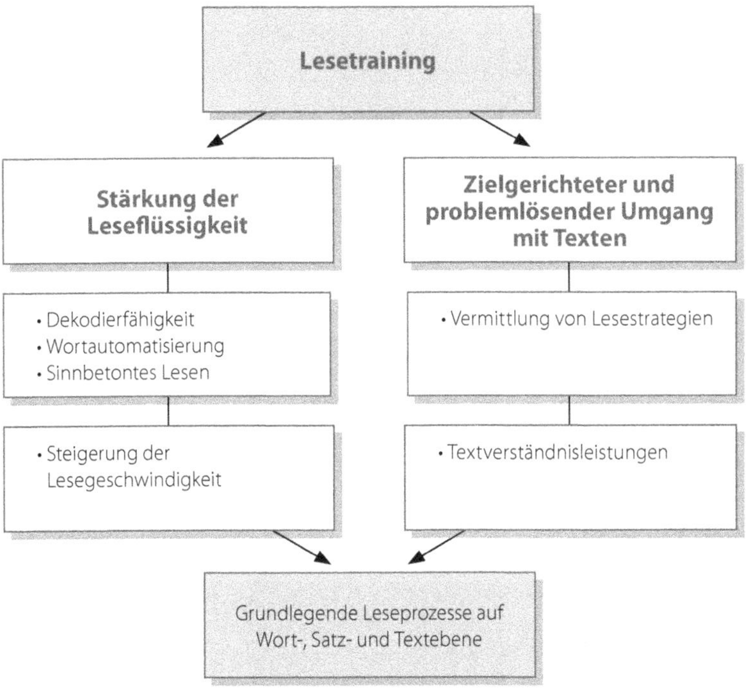

Lesetrainingsprogramm nach BERTSCHI-KAUFMANN *et al. (in:* ROSEBROCK *et al. 2011, 45 f.* © KALLMEYER*: Seelze)*

Didaktische Möglichkeiten und konkrete Übungsvorschläge

Lautlesen (Lesegenauigkeit, Worterkennung, Sichtwortschatz, aber auch sinngebendes Lesen (*prosodic reading*))

- Umwandeln von literarischen Texten in Dialoge und anschließendes Üben/Präsentieren im Lesetheater
- Herstellen von Hörbüchern (z. B. für die Klassen-/Schulbücherei)
- Jahrgangsübergreifende Lesetandems (*paired repeated reading*) (ältere erfahrene Kinder lesen jüngeren Leseanfängern vor, ca. 15 bis 20 min pro Trainingseinheit)

Begleitendes Lautlesen im Lesetandem:

- ***Chorlesen*** (gemeinsames Lautlesen im Chor, bei dem immer abwechselnd ein Kind das „Lesemodell" ist)
- ***Echolesen*** (findet zwischen zwei Kindern zeitlich verzögert statt)
- ***Lückenlesen*** (ein Leser – möglicherweise der Lesetutor – setzt an bestimmten Stellen aus, damit der zweite Schüler an diesen Stellen die Lektüre laut übernimmt)

Viellesen (*sustained silent reading*): Für das Viellesen soll ein in der Klasse abgestimmtes Zeitkontingent (i. d. R. 20 min) im Unterricht regelmäßig, möglicherweise an festgelegten Tagen, für die Lektüre von selbst gewählten bzw. selbst mitgebrachten Büchern zur Verfügung gestellt werden. Hier genießen es die Kinder regelrecht, wenn sie (auch die schwachen Leser!) mal die Gelegenheit bekommen, ihre Lesefortschritte nur dem Lehrer bzw. einer kleinen Gruppe zu präsentieren.

Didaktische Möglichkeiten und konkrete Übungsvorschläge nach Rosebrock/Nix *(2007)*

Kooperative Leseübungen und Vorleseinteraktionen

Insbesondere das Lesetandem bietet aufgrund seiner kooperativen Ausgestaltung eine solide und gute Basis für Lesepartner mit gleichen Herkunftssprachen. Hier können neben Vorbildeffekten in der Vorleseinteraktion auch die literarischen Anschlusskommunikationen hilfreich sein, wenn Kinder an sprachlichen Gegebenheiten im Text hängenbleiben und neben dem gemeinsamen Vorlesen auch die inhaltliche Ebene eine Rolle spielt. Der Tutor wird als Lese-Trainer und der Tutand als Lese-Sportler bezeichnet, wobei beide den Text synchron vorlesen müssen.

Der Grundablauf dieser Methode wird exemplarisch als eine Möglichkeit der kooperativen Zusammenarbeit in der Leseförderung nachstehend kurz skizziert.

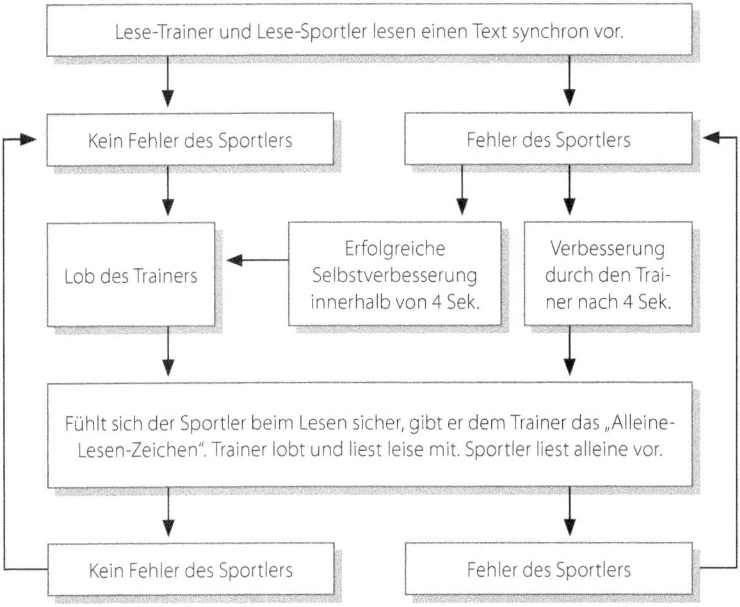

Trainingsroutine beim Lautlesetandem im Ablauf (Abbildung entnommen aus: ROSEBROCK *et al. 2011, 98 ©* KALLMEYER: *Seelze)*

Kleinschrittiges Üben von Lesestrategien

Für ein gezieltes und kleinschrittiges Üben von Lesestrategien werden ergänzend zu dem vorgestellten Lesetraining im Folgenden Übungsformen für Teilfertigkeiten nach WESPEL (2005) vorgestellt. Ein regelmäßiges Üben führt aufgrund der Steigerung der Einzelaufgaben von Wort auf Satzebene auch zu einer Steigerung der Leseflüssigkeit. An dieser Stelle muss auch darauf hingewiesen werden, dass ein permanentes stures Trainieren isolierter Teilübungen und Prozesse im Unterricht vermieden werden sollte. Viel effektiver ist eine Unterrichtskonzipierung, die möglichst differenzierte Verfahren integriert und sozusagen mechanische Prozesse mit inhaltlichen Übungen kombiniert. Dazu gehören auch die nachstehenden vielmehr auf den ersten Blick mechanisch wirkenden Übungen, die in der vorteilhaften Kleinschrittigkeit voneinander getrennt vorgestellt werden. Auch diese Übungen sollten jedoch nicht nur zu voneinander unabhängigen Sprachmaterialien erfolgen, sondern an konkreten Texten bzw. auch in konkreten Unterrichtskontexten erarbeitet werden.

Differenzierte Leseübungsverfahren und inhaltliche Aufgaben in den Unterricht integrieren

Die Übungsformen lassen sich den unten aufgeführten Bereichen zuordnen:
a) Wörtern und Wortgruppen,
b) Verbklammern,
c) ungewohnten und abweichenden Satzgliedstellungen,
d) langen Zeilen,
e) Worttrennung und Zeilensprung,
f) Nebensätzen.

Nachstehend werden die oben genannten allgemeinen Übungsformen durch konkrete Beispielaufgaben ergänzt.

Zu a) Übungen zu langen Wörtern und Wortgruppen

Wortgliederungen in Silben und Wortbausteine helfen dabei, Kinder vom starken synthetisierenden Lesen wegzubekommen. Das laute Aussprechen bzw. Vorlesen sowie auch Markierungen von Silben wirkt bei diesen Übungen unterstützend und sollte auf morphematischer Ebene erweitert werden. Erkennen und Markieren von Wortbausteinen (Morphemen) stellen neben Silben eine bedeutende sprachliche Durchgliederung von Wörtern dar, die für die Orthografie ebenso wie für das Lesen prinzipiell wichtig sind. Vorzustellen wären hier Beispiele, die in der Sprachdidaktik (z. B. in Lehrwerken) häufig als „Wörterpyramiden" bezeichnet werden, wie z. B.

Garten
Gartentor
Gartentorschloss usw.

In ähnlicher Weise kann man auch mit Sätzen bzw. zunächst einmal mit Phrasen vorgehen. In diesen Fällen steht der syntaktische Aufbau von Wortgruppen im Vordergrund, so z. B. bei Artikel + Adjektiv + Nomen (*der gelbe Hut*) oder Präposition + Adjektiv + Nomen (*in großer Not*).
Weitere Beispiele, die von Schülern weitergeführt werden könnten, wären:

Im wärmsten *Im wärmsten Land* *Im wärmsten Land Europas usw.*

Zu b) Übungen zu Verbklammern

Die Verbklammer ist sowohl in der mündlichen Kommunikation als auch in der Schriftlichkeit für Nichtmuttersprachler im Deutschen recht anspruchsvoll (vgl. dazu auch die Erwerbsstufen der Verbstellung bei Zweitsprachlern in Kap. 3.1). Leser von deutschsprachigen Texten werden vor Herausforderungen gestellt, wenn der propositionale Gehalt in einem Satz

in eine Verbklammer sozusagen eingehüllt ist und nicht nur für das laute Vorlesen, sondern auch für die Sinnentnahme ein „vorausplanendes“ Lesen verlangt wird.
WESPEL empfiehlt ein Lesetraining zu Verbklammern zum einen ohne Klammereinschub, wie beispielsweise:
Hat ... gelacht
Ist ... gelaufen
Möchte ... singen

Eine zweite Übungsvariante ist das Lesen von Phrasen mit Klammereinschub und Markierung des Einschubs bzw. umgekehrt. Auch in diesem Fall handelt es sich um eine sinnvolle Übung, da das Erfassen syntaktischer Einheiten beim Lesen in der Zweitsprache Deutsch nicht selten eine Hürde darstellt. Folgende Beispiele wären für ein derartiges Aufgabenformat denkbar:
Anja ***ist*** *zu spät zum Sport* ***gegangen.***
Elif fährt ***jede Woche ihre Tante*** *besuchen.*

Zu c) Übungen zu ungewohnten bzw. abweichenden Satzgliedstellungen
Hinsichtlich der Satzstellung können inhaltlich ähnlich aufgebaute Sätze, sozusagen „Parallelsätze“, vorgegeben werden, die im Vergleich zueinander eine normale und ungewohnte Satzstellung aufzeigen. Neben dem Lesen und Erkennen dieser Satzumstellungen besteht die Möglichkeit, eigene Sätze zu vorgegebenen Satzmustern umzustellen und so beispielsweise auch über die Satzstellung einzelne Phrasen zu betonen und unterschiedliche Illokutionen hervorzuheben.
Ein Beispielsatz, der mehrfach umgestellt wurde, könnte lauten:
Jan spielt freitags Fußball.
Freitags spielt Jan Fußball.
Fußball spielt Jan freitags.
Spielt Jan freitags Fußball?

Zu d) Übungen zu langen Zeilen
Längere Zeilen können ein weiteres Hindernis zu einem flüssigen Lesetempo sein. Durch das Erfassen von Wortgruppen und das vorausschauende Erkennen von Wortgruppen können längere Zeilen erfasst werden.

In einigen Arbeitsbüchern stößt man manchmal noch auf die Markierung längerer Zeilen mit einem Schrägstrich, wie z. B.: „Nach seinen Begegnungen mit einem Wolkenelefanten/ und einem Straßenbahnschiff/ wundert es Paul jetzt nicht mehr,/ dass vor der Schule ein Mann auftaucht,/

dessen Anblick auch einem größeren Jungen als Paul die Sprache verschlagen muss." (vgl. Schädlich 2010, 21 f.).

Eine weitere Möglichkeit zur Übung zu langen Zeilen besteht im pyramidenartigen Aufbau von Zeilen nach Wortgruppen, da auch hier insbesondere die visuelle Darstellung die Übung unterstützt, z. B.:
Montags
Montags spielt
Montags spielt Hanna
Montags spielt Hanna immer
Montags spielt Hanna immer mit Lars.

Neben der syntaktischen Verlängerung eines Satzes liegt eine weitere Variante in der Aufeinanderfolge von Zeilen bzw. Sätzen mit ähnlicher Struktur, wie beispielsweise die nachstehenden Beispiele zeigen:
Montags spielt Hanna im Kindergarten.
Montags singt Paul im Chor.
Montags geht Frida Spazieren.

Zu e) Übungen zur Worttrennung und zum Zeilensprung
Aufgaben zur Worttrennung und zu Zeilensprüngen intendieren neben der Worterkennung das *vorausschauende Lesen.* Die Überlegung, die dahintersteckt, könnte mit der Frage „Wie könnte das Wort weitergehen?" verdeutlicht werden. Bei geübten Lesern, die in der Wortidentifikation ein sicheres Leseverhalten aufzeigen, ist der Prozess der Wortzusammensetzung über den Zeilensprung automatisch. Hier spielt ebenfalls die Gliederung von Wörtern in Silben eine große Rolle.

Als didaktische Anregungen empfiehlt Wespel (2005) z. B. die Tilgung von letzten Wortsilben beispielsweise als Ratespiel, wie man sie auch am Zeilenende vorfindet, z. B. *Er ist ins Kino gegan-*. Für diese Übungen eignen sich auch Klappkarten, bei denen einzelne Silben fehlen (offene/geschlossene Silben), beispielsweise ma-/malen oder Man-/Mantel. Ähnlich verhält es sich mit etwas komplexeren Silbenkarten, bei denen mehrere Wörter in ihre Silben zerlegt werden und die Wörter neu zusammengesetzt werden müssen, z. B. *Ta-/Lam-Schu-/-sche/-pe/-le.*

Zu f) Übungen zu Nebensätzen
Auf die Auswirkungen von Satzstrukturen und komplexen Satzmustern auf den Leseprozess wird im Verlauf dieses Buches bei der Analyse von Fachtexten näher eingegangen. Wespel (2005) schlägt zur Differenzierung von Haupt- und Nebensätzen ihre deutliche Markierung sowie beispielsweise in

Sätzen mit einem Relativpronomen, die Markierung des Relativpronomens und des Bezugsnomens vor, z.B. *Martina trug das Kleid, das ihr ihre Mutter gekauft hatte.* Im Hinblick auf sprachliche Referenzmittel in Texten ist auch diese Übungsform in seiner Klarheit sinnvoll, um einerseits die Satzstruktur zu reflektieren und andererseits textinterne Referenzen mithilfe von Anaphern („Pronomina" - er/sie/es; sie) etc. herzustellen.

Wichtig
Einzelne Leseübungen sollten zusätzlich in thematische Kontexte eingebaut werden.

Lesestrategien und Lesehilfen

In der Lesedidaktik gibt es eine Vielzahl an Arbeiten zur Förderung von Lesestrategien und Lesekompetenzen.

Lese-, Planungs- und Textverarbeitungs-strategien

Um einen Text verarbeiten zu können, muss der Leser über allgemeine Lesestrategien, wie beispielsweise Planungs- oder Textverarbeitungsstrategien, hinausschreiten und sich tiefer in die Textstruktur begeben. Die häufigsten Aufgaben zu diesem Bereich wären das Erstellen von Zusammenfassungen, Gliederungen, Skizzen oder die Anfertigung von Grafiken.

Nicht nur für Kinder mit Deutsch als Zweitsprache, sondern jungen Lesern im Allgemeinen wird nahegelegt, dass sie bei Verständnisproblemen möglichst eigenständig Strategien entwickeln, die eigenen Wissensbestände zu ergänzen und Verständnisprobleme zu überwinden. Dies kann über zusätzliche Informationsquellen oder Paralleltexte geschehen. Hilfreich und nicht zu unterschätzen sind in Unterrichtssituationen aber auch Zeiträume für Kommunikationen über Texte, in denen Kinder in Kleingruppen auch Verständnisschwierigkeiten ohne die Lehrkraft lösen können.

VON WEDEL-WOLFF (2005) ordnet den drei Phasen *vor, während* und *nach dem Lesen* unterschiedliche Lesestrategien zu, die wir auch in ähnlicher Weise bei EHLERS (2010) zur Förderung der Lesekompetenzen bei zwei-/mehrsprachigen Kindern vorfinden (vgl. Kap. 2).

In der folgenden Tabelle werden die drei Lesephasen sowie konkrete Übungs- bzw. Lesestrategien vorgestellt.

Vor dem Lesen	• „Anwendungssituation" formulieren (Leseaufgabe mit einem Ziel verknüpfen, um die Lesemotivation zu fördern, z. B. durch Berücksichtigung authentischer Situationen) • Aktivierung des (Vor-)Wissens (z. B. konkrete Fragen stellen/Cluster erstellen)
Während des Lesens	• Vorgabe konkreter Fragestellung(en) • Stilles Lesen (relevant für das verstehende Lesen unter Berücksichtigung des individuellen Lesetempos) • „Überwachen" des eigenen Lesens mithilfe von Tipps (z. B.: „ Lies den Abschnitt noch einmal. Schlage Wörter, die du nicht verstanden hast, im Wörterbuch nach.") • Unterstreichen bzw. Herausschreiben von Stichwörtern • Entwicklung bildlicher Vorstellungen
Nach dem Lesen	• Weitergabe des Textinhaltes (mit eigenen Worten wiedergeben, Grafiken erstellen etc.) • Zusammenfassung des Textes (abstrakte, kurze und prägnante Formulierungen)

Lesestrategien in einzelnen Lesephasen nach VON WEDEL-WOLFF *(2005)*

3

Fachtexte in der Grundschule

Lesen in allen Fächern bedeutet Textarbeit in allen Fächern. Man neigt in einem Vergleich zwischen Erzähl- und Sachtexten dazu, insbesondere Sachtexte auf einer höheren Schwierigkeitsstufe einzuordnen. Dies mag unterschiedliche Gründe haben, u.a., dass Fachtexte in der Regel durchaus komplexe sprachliche Strukturen aufzeigen können. Der erste Eindruck, der jedoch in einem ersten allgemeinen Vergleich entsteht, ist die Informationsdichte und -fülle, die Sachtexte in der Regel enthalten.

Unterschiede zu narrativen Texten	**Beispiele**
• Sozialkundliche und geografische Texte • Geschichtsunterricht • Naturwissenschaften • Philosophie-, Ethik- und Religionsunterricht • Deutschunterricht/Fremdsprachen	• Karten, Statistiken, Diagramme, Abbildungen etc. • historische Quellen, Strukturdiagramme, Daten, Fakten etc. • Experimentierabbildungen, Fotos, Skizzen, Formeln etc. • Auszüge aus Originalschriften, Synopsen in Form von Tabellen und Diagrammen etc. • literarische Texte, Sachtexte etc.
Textstrukturelle Gemeinsamkeiten bei Sachtexten aller Fächer	
• unterschiedliche Darungsformen • ähnlicher textstruktureller Aufbau • fast immer ein deskriptiver und analytischer Charakter • Oftmals sprachlich verdichtet	• Grafiken, Tabellen etc. • z.B. gekennzeichnet durch einen sehr spezifischen Fachwortschatz

Lesestrategien in allen Unterrichtsfächern fördern

Lesestrategien auch im Fachunterricht trainieren

Leisen (2007) setzt sich insbesondere mit Leseübungen für den Fachunterricht auseinander, denn jeder Fachunterricht ist auch zugleich Sprachunterricht. Integrative und fächerübergreifende Spracharbeit bietet inhaltliche Vernetzungsmöglichkeiten – man denke da an beliebte Fächerkombinationen wie Deutsch und Sachunterricht oder Deutsch und Kunst in der Primarstufe. Aber auch alle anderen Fächer können zur Sprachförderung beitragen, beispielsweise durch die Erarbeitung von Bewegungsverben im Sportunterricht oder Bezeichnungen für Musikinstrumente.

Für naturwissenschaftliche Fächer in der Sekundarstufe entwickelte LEISEN Arbeitspläne zu Leseaufgaben sowie Hilfsstrukturen für Lehrkräfte. Diese haben zum Ziel, den Schülern beim Erschließen von Sachtexten bzw. Sachaufgaben Hilfestellungen zu leisten. In seinen Vorschlägen für sprachfördernde Maßnahmen im Fachunterricht stellen Lesestrategien auch für ihn eine unverzichtbare Übungsform dar, ohne die eine ertragreiche und erfolgreiche Leseübung nicht denkbar wäre.

Wichtig
Lesestrategien sind nicht beliebig einzusetzen. Je nach Aufgabenformat und Ziel eignen sie sich für den Einsatz in bestimmten Arbeitsphasen (vor, während und nach dem Lesen).

In diesem Sinne definiert LEISEN selbst eine Lesestrategie als „[einen] Handlungsplan, um einen Text gut zu verstehen. [...] [Die Strategien] unterscheiden sich in Umfang, Anspruchsniveau und Unterstützungsgrad."

Im folgenden Abschnitt werden Strategien für Lese- und Verstehensprozesse vorgestellt und mit Empfehlungen für Aufgabenstellungen ergänzt.

Fachtexte lesen und verstehen

Für die Arbeit mit Sachtexten im Fachunterricht empfiehlt LEISEN (2007) die folgenden zehn Strategien zur Texterschließung:

Strategie	Aufgabe/Empfehlung
1. Fragen, die von Lehrkräften oder Mitschülern zum Text gestellt wurden, beantworten	Fragen an die Schüler austeilen, die vor dem Lesen die Leser zum intensiven Umgang mit dem Text anleiten.
2. Fragen an den Text stellen	Die Leser stellen selbst Fragen an den Text und beantworten sie ebenfalls möglichst eigenständig.
3. Textteile kategorisieren und den Text sinnvoll strukturieren	Die Schüler sollen den Text in Sinnabschnitte einteilen und Überschriften formulieren.
4. Den Text mit dem Bild lesen	Zusätzliche Bildmaterialien zum Text sollen bereitgestellt werden, wodurch die Lesenden zur vergleichenden Text-Bild-Lektüre angeleitet werden sollen.
5. (Fach-)Begriffe farbig markieren	Begriffe verschiedener Kategorien sollten in Sachtexten farbig differenziert werden, um eine Übersichtlichkeit zu gewinnen.

6. Übertragung in eine andere Darstellungsform	Skizzen, Bilder, Tabellen, Strukturdiagramme, Prozessdiagramme etc. sollten (gemeinsam) erstellt werden.
7. Den Text expandieren	Texte sollten durch Beispiele und Erläuterungen „expandieren“ (vereinfachen, deuten).
8. Verschiedene Texte zum Thema vergleichen	Eine Differenzierung der Texte sollte anhand von Textumfang, Gestaltung und Textverständlichkeit erfolgen.
9. Schlüsselwörter suchen und Text zusammenfassen	Wenn zu viele Fachbegriffe in einem Text enthalten sind, dann ist diese Aufgabe eher strittig, da die Zusammenfassung umso schwieriger ist.
10. Das Fünf-Phasen-Schema	Es handelt sich hier um ein Texterschließungsverfahren, das komplett auf eine eigenständige Erschließung eines Textes abzielt. Lesehilfen für die Lernenden: a) vorbereitende Orientierung (orientierendes Lesen) b) Aufsuchen von „Verstehensinseln“ (selektives Lesen) c) inhaltliche Details erschließen (intensives Lesen) d) Reflexion und Einbettung in das individuelle Wissensnetz e) Überprüfung des Verstandenen

LEISEN mahnt allerdings davor, die Leser mit zu vielen Lesestrategien zu überfordern. Zu berücksichtigen bleibt bei der Vielzahl an methodischen Vorgehensweisen die gezielte Anwendung von Lesestrategien auf einzelne Texte und nicht etwa ein unüberlegtes Übertragen mehrerer Strategien auf einen Text. So konstatiert er, dass die „Lesekompetenz der Zielgruppe, die didaktische Absicht und der Schwierigkeitsgrad des Textes [...] die Auswahl der geeigneten Lesestrategien [bestimmen].“ (LEISEN 2007)

Wichtig
Die Schüler sollten einen Text nicht nur einmal lesen, sondern *mehrmals* mit je speziellen Aufgaben!

Textentlastung: ja oder nein?

Im Hinblick auf Möglichkeiten und Grenzen sowie Plausibilität von Textdifferenzierungen muss berücksichtigt werden, dass alle Informationen für

> **Wichtig**
> Der Einsatz von Fachtexten in anderen Unterrichtsfächern erfordert ebenfalls den reflektierten Einsatz bereits erworbener Lesestrategien.

alle Kinder zugänglich sein sollten, sofern sie für die Leseaufgaben bzw. für den Unterrichtskontext bedeutsam sind. Will man im Sinne einer Differenzierung die Texte kürzen, würde dies bedeuten, dass die möglicherweise ohnehin schon sehr informationsdichten Textabschnitte nun noch komplexer werden, indem einzelne Informationen durch Komposita, sprachliche Verkettungen etc. zu einem einzigen ‚Informationspaket' zusammengeballt werden und kaum noch durchschaubar sind. Des Weiteren müssen Kinder mit anderen Herkunftssprachen Fachausdrücke und textuelle Merkmale in sachlichen Kontexten erschließen können und nicht durch Textkürzung und Vereinfachung sprachlich „verarmen"[13].

Fachausdrücke und textstrukturelle Merkmale erschließen

Wie kann ein Text zur besseren Verständlichkeit didaktisch so entlastet werden, dass die zu vermittelnden Informationen für alle Kinder gleich bleiben?

Hierzu wird im nachstehenden Kasten ein Modell zur Textentlastung nach Kuhs (1991, 23) vorgestellt.

Entlastung	– lexematisch	weniger verschiedene Wörter		
		weniger neue Wörter		
		weniger seltene Wörter		
		„Spezialwörter", die nur in einem Text auftreten		
	– systematisch z. B.	Imperfekt	>	Präsens (Perfekt)
		Passiv	>	Aktiv
		Konjunktion	>	Indikativ
		Pronomen	>	Nomen
		Genitiv	>	Dativ (vom Vater)
		Gliedsatz	>	Satzreihe
		langer Satz	>	kurze Sätze
		indirekte Rede	>	direkte Rede
		Wiederholung von Satzmustern		

Abbildung aus Kuhs, Katharina: *Leseverstehen und Textentlastung. In: Die Grundschulzeitschrift 43/1991, 23.*

13 Für die Erfassung des Schwierigkeitsgrades eines Textes wird in der Leseforschung auch der sogenannte Lesbarkeitsindex (Lix) verwendet. Er wird hauptsächlich aus zwei Textmerkmalen errechnet, die auf der Wort- und Satzebene liegen. (Zur genaueren Berechenbarkeit und Interpretierbarkeit des Lesbarkeitsindexes vgl. Rosebrock et al. 2011, 71 ff.).

Insbesondere im ersten Teil (lexematische Entlastung) sind die Vorschläge von Kuhs jedoch sehr vereinfacht und allgemein dargelegt. Welche Überlegungen sich beispielsweise konkret hinter dem ersten Aspekt „verschiedene Wörter“ verbergen, können aus dieser modellhaften Darstellung nicht ohne Weiteres erschlossen werden.

Hinzukommt, dass Lehrkräfte aufgrund des hohen Arbeits- und Zeitaufwandes oftmals auf die detaillierten Entlastungsmöglichkeiten von Kuhs verzichten.

Wichtig
Die Berücksichtigung der Lernvoraussetzungen von Kindern nichtdeutscher Erstsprache bedeutet nicht zwingend eine eingehende sprachliche Umgestaltung und Kürzung der Texte. Ausschlaggebend ist hingegen die gemeinsame kooperativ-kommunikative Arbeit an Texten, die den Schülern die Partizipation am Unterricht und einen Wissenszuwachs ermöglichen soll.

Welche Möglichkeiten es im Allgemeinen für eine Vereinfachung von Texten gibt, stellen darüber hinaus Rosebrock et al. (2011, 77 ff.) vor.

Möglichkeiten einer Textvereinfachung für den Unterricht

Grobe Veränderungen am Textlayout
- Zeilenumbruch nach einer sinngemäß zusammenhängenden Wortgruppe oder Satz
- Text im Flattersatz mit sehr kurzen Zeilen setzen, mit dem Ziel, die sinngetreue Intonation beim lauten Lesen zu erleichtern
- Verwendung von Illustrationen (gemeint sind hier vor allem Fotos, Bilder oder Zeichnungen, die leichter zu verstehen sind als beispielsweise Grafiken)

Sprachlich-inhaltliche Änderungen im bzw. am Text
- Seltene und lange Wörter durch geläufige kurze Wörter ersetzen (z. B. anstelle von „Ich nehme an …“ „Ich meine …“)
- Abstrakta, die meist auf -heit, -keit, -ung, -ion, ismus usw. enden, durch konkrete anschauliche Wörter bzw. Phrasen ersetzen (z. B. statt „Durchsetzungsvermögen“ – „setzt sich durch“)
- Komplexe hypotaktische Satzstrukturen auflösen in einfachere, kürzere Sätze
- Aktivsätze statt Passivsätze
- Wiederholungen einzelner Inhaltswörter oder Kernsätze für das Hervorheben semantischer Redundanzen

Vorschläge nach Rosebrock *et al. 2011, 77 f.*

Die Vorschläge, die sie diesbezüglich unterbreiten, können und sollten auch nicht in dieser Zusammenstellung komplett übernommen werden. Dennoch erweisen sich insbesondere die Anregungen für Veränderungen am Textlayout häufig als sinnvoll. Auch sind es bei Kindern mit Deutsch als

Zweitsprache meist syntaktische Strukturen, die das Textverständnis erschweren können. Zu diesem Bereich werden ebenfalls einzelne Vorschläge unterbreitet, die zwar nicht als solche für jeden einzelnen Text im Unterricht berücksichtigt werden sollen, nichtsdestotrotz aber als sinnvolle Hilfeleistung und Übungsform betrachtet werden können.

3.1 Analysekriterien für den Schwierigkeitsgrad von Fachtexten

Leitfragen für dieses Unterkapitel:

- *Nach welchen sprachlichen Kriterien können Texte für den Einsatz im Unterricht ausgewählt werden?*
- *Gibt es Analyseschemata für den Schwierigkeitsgrad von (Fach)Texten?*

Analyseraster für die sprachliche Gestaltung von Texten

Bei der Auswahl von Erzähl- und Sachtexten in der Grundschule spielt neben dem Textumfang die sprachliche Gestaltung der Texte eine erhebliche Rolle. In diesem Kapitel werden zwei Analyseraster für den Schwierigkeitsgrad von Texten vorgestellt.

Einen der ersten Aufsätze zu Leseschwierigkeiten bei Kindern mit nichtdeutscher Herkunftssprache und zu möglichen Analysepunkten für Fibeltexte verfasste Urbanek (1983). Seine Ausführungen richteten sich insbesondere an Lehrkräfte der Grundschule, die die jungen Leser in ihren ersten Schuljahren begleiten. Das Untersuchungsmaterial bildeten nicht etwa komplexe Sachtexte für fortgeschrittene Leser, sondern auch „einfachere" Texte aus Sprach- und Lesebüchern. Ausgehend von drei Grundsätzen für einen gemeinsamen Unterricht von Kindern mit Deutsch als Erst- und Zweitsprache nennt Urbanek Kriterien und Orientierungspunkte zur Textanalyse.

Der erste Grundsatz, dass alle Kinder das was sie lesen auch verstehen müssen, erscheint zwar sehr universell, soll jedoch ein „lautierendes synthetisches" Vorlesen inhaltsleerer Einzelbegriffe bzw. Silben ausschließen. Als Zweites betont er die aktive Anwendung des Wortmaterials und syntaktischer Strukturen, auf die die Leser in ihren Texten stoßen. Hier sei auch auf die in Kapitel 2 exemplarisch vorgestellten Übungen nach Wespel (2005) hingewiesen, da auch in diesem Zusammenhang die Verknüpfung der Übungsformen möglichst mit sinnvollen Inhalten erwähnt wurden. Der dritte und letzte Grundsatz geht über die aktive Anwendung hinaus. „Jedes Kind muß über die in den jeweiligen Leselehrgang benutzten Wörter und

Strukturen hinaus seinen Wortschatz und die Anzahl der beherrschten Satzmuster erweitern", so URBANEK (1982, 94). Er weist auf die Heterogenität der Wortschatzkenntnisse der Kinder mit Deutsch als Erst- und Zweitsprache hin. Zu diesem Bereich liegen inzwischen aktuelle Studien z. B. von APELTAUER (2006c) vor, der sein Augenmerk auf Wortbedeutungsentwicklungen bei zweisprachigen Kindern richtet und hier unter sprachkontrastiven Gesichtspunkten Vergleiche zwischen den Begriffskenntnissen in Erst- und Zweitsprache herstellt. Ein geringerer Wortschatz kann sich auf den Leseprozess (Sichtwortschatz) oder aber in Bereichen der Texterschließung auswirken. URBANEK (1982, 94) schneidet diesbezüglich den schulischen Einfluss an, der durch den sprunghaften Anstieg von neuen Wörtern in Texten enorm groß ist. So gibt er an, dass „[d]er Wortschatz der meisten Fibeln [...] zwischen 300 und 1000 verschiedenen Wörtern [liegt], Lesebücher der zweiten Klasse weisen teilweise ein Mehrfaches davon auf."

> Für eine „Textoptimierung" vor allem für Leseanfänger und schwache Leser plädiert auch SANDFUCHS (2010, 44). Texte sind demnach für schwache Leser und Leseanfänger nur schwer zu lesen, wenn sie viele Fremdwörter, unbekannte oder unübliche Wörter, Fachbegriffe oder Komposita enthalten. Aber auch unpersönliche und abstrakte Bezeichnungen wie *man* oder *es* erschweren den Leseprozess. Auf der Wortebene können sich in Bezug auf Leseflüssigkeit und Lesetempo beispielsweise Konsonantencluster auswirken.

Zu diesen und weiteren bereits genannten sprachlichen Stolperstellen werden in Bezug auf Zweitsprachenlerner Wortschatzdefizite, Schwierigkeiten in der Erkennung von Textstrukturen sowie stilistische Besonderheiten der deutschen Sprache und den sprachkontrastiven Vergleich zur Erstsprache ergänzt.

Analyseraster nach BENHOLZ et al. (2005)

Zusätzliche Faktoren wie schülerseitiges Wissen und sprachlich-kulturelles Wissen

Das Analyseraster nach BENHOLZ et al. ist aufgeteilt in schüler- und textseitige Kriterien. Damit werden nicht nur die erforderten sprachlichen Fähigkeiten, die für das Textverstehen notwendig sind, berücksichtigt. Es fließen weitaus differenziertere Faktoren ein, die sich auf das Textverstehen auswirken können, wie die schülerseitige Motivation oder das (sprachlich) kulturelle Wissen.

Die folgenden Kriterien zur Textanalyse verdeutlichen nach BENHOLZ et al. Analyseschritte, die für Texte bzw. für Arbeitsaufträge zum Textverständnis, ausschlaggebend sind. Insbesondere die Kriterien auf der Textebene lassen sich in einzelne Stufungen weiter untergliedern. Diese betreffen die Wort-, Satz- und Textebene (vgl. nachstehende Abbildung).

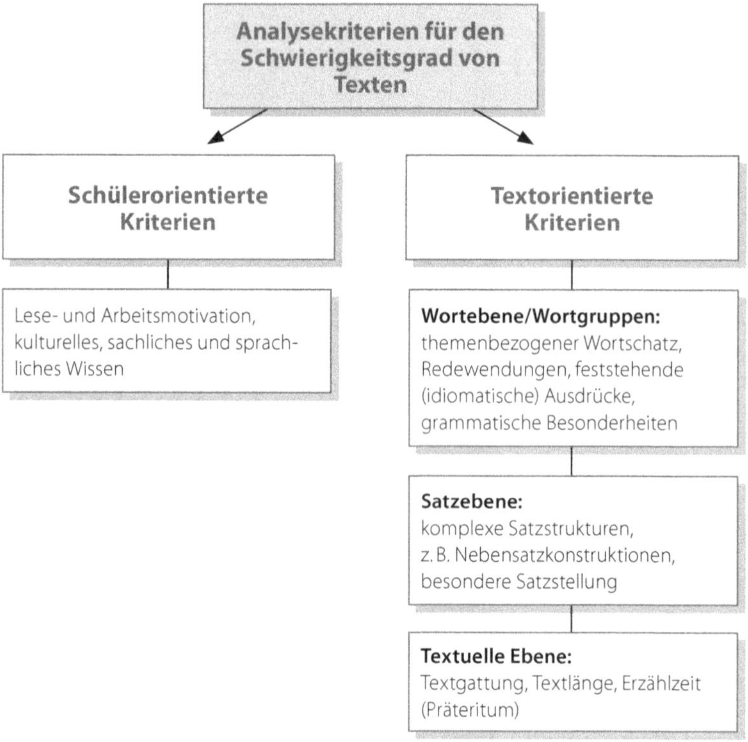

Analysekriterien für den Schwierigkeitsgrad von Texten nach Benholz *et al. (2005)*

Syntax: Ein Exkurs

Die von Benholz et al. erwähnten „besonderen" Satzstellungen verdeutlichen, dass mit steigender Komplexität der Satzstellung das Textverstehen erschwert werden kann. Um eine Vorstellung der Steigerung von einfachen zu komplexen Satzstrukturen bekommen zu können, wird an dieser Stelle auf die Profilanalyse nach Griesshaber (2007a, 2007b, 2010) eingegangen. Mithilfe dieses Ansatzes sollen die unterschiedlichen Schwierigkeitsgrade hinsichtlich der Verbstellung und der damit einhergehenden Satzkonstruktion (Syntax) erklärt werden.

Die folgende Tabelle zeigt die einzelnen Erwerbsstufen hinsichtlich der Verbstellung im Satz im Zweitspracherwerb. Einzelne Stufen können im Erwerb nicht übersprungen werden (ebd.). Zweitsprachenlerner durchlaufen diese Profilstufen in gleicher Weise wie Kinder mit Deutsch als Erstsprache, jedoch im Vorschulbereich mit bis zu sechs Monaten Verzögerung.

Erwerbsstufen der Verbstellung im Satz

Stufe mit den entscheidenden Merkmalen	**Beispiel**
S-6 Integration eines [EPA]:	Sie hat das [EPA] Buch gelesen.
S-5 Insertion eines [Nebensatzes]:	Sie hat das Buch, […], gelesen.
S-4 Endstellung des Finitums in Nebensätzen:	…, dass er so schwarz ist.
S-3 Nachstellung des Subjekts nach Finitum:	Dann brennt die.
S-2 Separierung finiter & infiniter Verbteile:	Und ich habe dann geweint.
S-1 Finitum in einfachen Sätzen:	Ich versteh.
S-0 Bruchstücke (ohne Finitum):	anziehn Ge/

Tabelle aus Griesshaber, Wilhelm *(2010): Spracherwerbsprozesse in Erst- und Zweitsprache. Eine Einführung © Universitätsverlag Rhein-Ruhr: Duisburg, 154.*

Wichtig
Texte sollten unter differenzierten Gesichtspunkten hinsichtlich ihrer Tauglichkeit analysiert werden. Ein pures Ersetzen einzelner Abstrakta oder ein durchgehendes Tilgen überflüssig erscheinender Phrasen reicht nicht aus!

Aufgabenbereiche zum Lesen

Hinsichtlich der Aufgabenbereiche verteilen sich die Analysekriterien auf zwei Ebenen, der inhaltlichen und der sprachlichen. Diese werden nachstehend deutlicher differenziert:

Inhaltliche Ebene (Lesedidaktik):

a) Wortschatztraining (lexikalische Mittel)/Sprachenportfolio-Konzept
b) Texterschließende Aufgaben/Antizipation – Lesehilfen und Lesestrategien anwenden

Sprachliche Ebene: auf Wort- und Satzebene (Sprachförderung – Syntax/Grammatik):

a) Personalformen
b) Satzstrukturen/Sprachmuster
c) Adjektive/Adjektive-Gegensatzpaare/Adjektivflexion
d) Verben/Reflexive Verben

Analyseraster nach Rehbein (1997)

Rehbein stellte ein Verfahren vor, das die Analyse von Sachtexten erleichtern soll. Dieses zweite Analyseschema dient ebenfalls dazu, Zugänge zu ermöglichen, im Unterricht eingesetzte Texte auf ihre sprachliche und inhaltliche Komplexität und Tauglichkeit hin zu überprüfen. Auch in diesem Fall gilt grundsätzlich zwar die Regel, dass auch Kinder mit Deutsch als Zweitsprache Fachbegriffe und schwierige Satzstrukturen lernen müssen, allerdings hilft das folgende Raster nicht zur mechanischen Übertragung auf Sachtexte, wohl aber als Orientierungshilfe zur sprachlichen Feinanalyse. Daher dürfen die hier aufgeführten Analysen nicht den Eindruck erwecken, Sachtexte stets sprachlich zu vereinfachen und zu differenzieren, indem man sie möglicherweise kürzt und in einfache Sätze umstellt.

I. Einbettungsrahmen	• Ziele des Lehrwerkes bzw. des Materials • Adressaten • Stellenwert des Textes im Vergleich zu anderen Texten in dem gegebenen Unterrichtskontext
II. Aufbau (Gesamtgliederung)	• Kursorische Zerlegung des Textes in einzelne sinnvolle Abschnitte
III. Textsorten und Untertextsorten	• Textsorte • Erfassen des inhaltlichen Kerns eines Unterabschnitts mithilfe einer Paraphrase • Textzusammenhang (Beziehungen zwischen einzelnen Textteilen, auch Abbildungen oder Diagrammen)
IV. Wortschatz und Syntax	• Wortschatz: – Komposita (Substantive, Verben, Adjektive), spezielle Verben (Präpositionen, Präfixe etc.) – Wortfamilien – Kollokationen • Syntax: – Präpositionalverbindungen – Komplexe Satzverbindungen
V. Wissensbereiche	• Einordnen von Wörtern und Redewendungen, die im Text vorkommen, nach Bedeutungs- und Sinngruppen (z. B. in Bezug auf die fachlichen Einzelbereiche wie Biologie, Politik, Medien etc.)

VI. Themenbehandlung	• Bezüge zwischen einzelnen Textelementen (Überschrift, Abbildungen, Text) • Zentraler Themenschwerpunkt • Gebrauch außersprachlicher Hilfsmittel
VII. Einzelanalyse von Teilstrukturen/ Textabschnitten	• Sprachdidaktische Gestaltung und Funktion der einzelnen Abschnitte – Aufgabenteil – Übungsteil – Erklärungen – Erläuterungen – Einführung eines Problems – Darstellung – Zusammenfassung – Bezugnahme auf vorher eingeführtes Wissen – Bezugnahmen auf Erfahrungsgrundsätze, Praktiken, Normen etc.
VIII. Stil 1: Lebensweltlicher Bezug zwischen Text und Kind	• Alltagserfahrungen
IX. Stil 2: Verstehen und Verstehensschwierigkeiten	• Mögliche sprachliche Stolpersteine und Verstehensschwierigkeiten aus/zu dem Text erschließen
X. Alternative Verstehenshilfen, Strategien und Formulierungsvorgaben	• Paraphrasen bilden • Verfahren der (bildlichen) Texterschließung • Schlüsselwörter herausfinden • Visualisieren • Nacherzählen, Zusammenfassen etc.

Analyseschema fachlicher Texte nach REHBEIN *(1997)*

Bei der Wortschatzanalyse unter Punkt IV werden unterschiedliche Verfahrensweisen zur Anwendung von Termini ausdrücklich voneinander getrennt. Diese wären zum einen Fachausdrücke, die in den Texten neu eingeführt werden, und zum anderen Wörter, „die über den Wortschatz der mündlichen Alltagskommunikation hinausgehen und für einen schriftsprachlichen Gebrauch charakteristisch sind" (REHBEIN 1997).

Unterteilung in Schüler- und Textorientierung

Im Vergleich zum Analyseraster von BENHOLZ et al. ist in diesem Fall ebenfalls eine Unterteilung in Schüler- und Textorientierung zu erkennen (wie beispielsweise unter Punkt VII die sprachdidaktische Gestaltung von Text und Aufgaben oder in den letzten Unterpunkten die Berücksichtigung von

> **Wichtig**
> Der lebensweltliche Bezug zwischen Text und Leser impliziert die individuellen Erfahrungen, die die Kinder sprachlich sowie kontextuell in den Unterricht mitbringen.

Weltwissen und Alltagserfahrungen). Insgesamt zeigt sich in den vorgestellten Analyseschemata eine große Ähnlichkeit auch in der Zielvorstellung und der didaktischen Handhabbarkeit.

3.2 Exemplarische Analyse eines Sachtextes

Leitfrage für dieses Unterkapitel:

- *Wie kann eine Textanalyse mithilfe eines Analyserasters erfolgen?*

Im Folgenden wird zur Veranschaulichung nach den bereits vorgestellten und diskutierten Analysekriterien ein Sachtext aus einem Lesebuch eines vierten Schuljahres analysiert.

Vom Kienspan zur Glühlampe

Eine der ältesten künstlichen Lichtquellen war der Kienspan. Das war ein Stück Holz, das mit Baumharz durchtränkt war. Der Name kommt vom Wort „Kienföhre".
So wurde früher die Kiefer genannt.
Kienholz entsteht durch eine Verletzung der Baumrinde. Der Baum schließt diese Wunde mit Harz.
Die Menschen der Steinzeit schnitten das verharzte Holz in Späne, steckten es in Felsritzen und zündeten es an. So hatten sie eine Lichtquelle, die einige Minuten hell leuchtete. Aus dem Kienspan wurde die Fackel. Man umwickelte ein Holzscheit am oberen Ende dick mit Pflanzenfasern und tränkte es mit Harz, Pech oder Teer. Der Wind konnte die Fackel nicht so leicht ausblasen. Man konnte sie mit ins Freie nehmen und die Nacht erhellen.

Öllampen gab es schon vor vielen Tausend Jahren. Als Brennstoff dienten verschiedene pflanzliche und tierische Fette und Öle. Das Öl befand sich in einem getöpferten Gefäß. Es stieg in einem Docht hoch und brannte mit gleichmäßiger und ruhiger Flamme. Das Feuer war gezähmt und reguliert.

Seit etwa 150 Jahren gibt es Petroleumlampen. Sie werden bis zum heutigen Tag hergestellt. Petroleumlampen haben einen Docht, in dem das Petroleum nach oben steigt. Petroleum ist eine brennbare Flüssigkeit, die aus Erdöl gewonnen wird. Man kann den Docht höher oder niedriger drehen und damit mehr oder weniger Licht erzeugen. Ein Glaszylinder wird über die Flamme gestülpt.
Er stützt die Flamme und verteilt das Licht gleichmäßig.

Mitte des 19. Jahrhunderts wurde Gas als Brennstoff eingesetzt. Die Karbidlampe hatte unten eine Kammer mit Karbidgestein, darüber war ein Wasserbehälter. Wenn das Wasser auf das Karbid tropfte, bildete sich ein Gas, das durch eine Düse strömte und mit heller Flamme brannte. Einen Docht brauchte man nicht. Karbidlampen hatten einen gekrümmten Spiegel, ähnlich wie unsere Taschenlampen. Er bündelte das Licht zu einem hellen Strahl, der weit leuchtete. Die Karbidlampen wurden zur Beleuchtung von Höhlen, im Bergbau, als Autoscheinwerfer, Fahrradlampen und Handlaternen genutzt. Für Wohnungen eignete sich das Licht nicht, weil das Gas unsauber verbrannte und übel roch.

Vor 150 Jahren experimentierten viele Erfinder mit einer Lampe, die aus einem Glühfaden bestand.
Durch ihn schickten sie elektrischen Strom. Der dünne Draht glühte hellrot. Aber niemand brachte eine solche Lampe länger als ein paar Sekunden zum Leuchten. Man probierte es mit Glühdrähten aus den verschiedensten Materialien. Sie brannten jedoch immer wieder schnell durch. Das kam durch den Sauerstoff in der Luft. Darum schloss man den Glühfaden in eine Glaskugel ein und saugte die Luft heraus. Die Idee der Glühlampe war geboren.

Sachtext aus: TINTO Lesebuch, Klasse 4 © Cornelsen Verlag, Berlin 2008, 76 f.

Der Sachtext besteht aus insgesamt fünf Abschnitten. Im Lesebuch ist der Text über zwei Buchseiten verteilt, wobei jedem Abschnitt eine Zeichnung zugeordnet wird. Für die Zuordnung der propositionalen Inhalte der jeweiligen Abschnitte sind die Zeichnungen beim Lesen wichtig und wirken unterstützend auf den Leseprozess, da die Gegenstände, von denen in den Abschnitten die Rede ist, abgebildet sind (Kienholz, Öllampe, Petroleumlampe, Glühbirne, Karbidlampe). Fotografische Abbildungen wären zum Teil jedoch im Gegensatz zur gewählten Mal-/Zeichentechnik deutlicher.

Fach- und themenspezifische Ausrichtung des Textes

Bereits ein kurzes Überfliegen des Textes lässt die fach- bzw. themenspezifische Ausrichtung des Textes deutlich erkennen. Das für den Sachunterricht geeignete Textmaterial aus dem Sprach-Lesebuch TINTO ist mit einer Vielzahl von Fachausdrücken sowie Fachinformationen gefüllt.

Auf der Wortebene zeigen sich sprachliche Besonderheiten, von denen im Folgenden einige in der Tabelle aufgeführt werden.

WORTSCHATZ: WÖRTER/LEXEME	
Fachbegriffe	Harz, Pech, Teer, Docht, Düse etc.
Komposita	Kienspan, Kienholz, Baumharz, Lichtquelle, Pflanzenfasern, Holzscheit, Petroleumlampen, Karbidlampe, Karbidgestein, Glühdrähte, Glühfaden etc
Nominalisierungen	Verletzung, Beleuchtung
(trennbare) Verben	anstecken, umwickeln, durchtränken, einschließen, heraussaugen etc.
Attribute	verschiedenste Materialien, älteste künstliche Lichtquellen
Adjektive	höher oder niedriger, mehr oder weniger, unsauber

In der folgenden Tabelle werden auf der Satzebene grammatisch-syntaktische Besonderheiten aufgezeigt, die ebenfalls im Text vorzufinden sind.

GRAMMATIK/SYNTAX	
Partizip II	gezähmt, getöpfert, gestülpt
Passivkonstruktionen	wurde genannt, wird gestülpt, wurden genutzt, war geboren
Nebensatzkonstruktionen	**Relativsätze** „Er bündelte das Licht zu einem hellen Strahl, der weit leuchtete.“ „Petroleum ist eine brennbare Flüssigkeit, die aus Erdöl gewonnen wird.“ **Kausalsatz** „Für Wohnungen eignete sich das Licht nicht, weil das Gas unsauber verbrannte und übel roch.“ **Konsekutivsatz** „Wenn das Wasser auf das Karbid tropfte, bildete sich ein Gas, das durch eine Düse strömte und mit heller Flamme brannte.“

Die Verkettungen einzelner *propositionaler Gehalte* müssen über die fünf Einzelabschnitte hinausgehen. Auf der Textebene entsprechen folgende Schlüsselwörter den Sinnabschnitten:

1. Kienspan
2. Öllampen
3. Petroleumlampen
4. Karbidlampen
5. Glühlampe

Die Entwicklung bzw. Erfindung der Glühbirne als elektrische Lichtquelle wird bereits in der Überschrift „Vom Kienspan zur Glühlampe“ thematisiert. In den einzelnen Textabschnitten wird sodann auf die jeweilige Beleuchtungsform eingegangen. Der gesamte Text wird mit kleineren Abbildungen zu den Abschnitten ergänzt.

Des Weiteren sind am Ende des Textes Aufgaben vorzufinden, die in die Textarbeit einführen sollen.
Die Aufgaben lauten:

> 1. *Lest den Text und klärt unbekannte Wörter.*
> 2. *Suche für jeden Textabschnitt eine passende Überschrift.*
>
> ***Zusatzfragen:***
> - *Was hatte der Glaszylinder der Petroleumlampe für eine Wirkung?*
> - *Warum war die Karbidlampe für den Gebrauch in der Wohnung nicht geeignet?*

Vertiefende Zusatzaufgaben und -fragen

Aus: TINTO Lesebuch, Klasse 4 © Cornelsen Verlag , Berlin 2008, 77

Eine sinnvolle und ergänzende Zusatzaufgabe, die hinsichtlich der Lesestrategien über den konkreten Text hinaus auch das Weltwissen der Kinder ansprechen würde, wäre die Frage, welches Leuchtmittel ebenfalls von entscheidender Bedeutung ist, aber im Text nicht erwähnt wird. Die richtige Antwort wäre Kerze. Hier wäre eine Weiterarbeit und thematische und sprachliche Vertiefung möglich. Die Aufgabenstellung könnte über das Lesen hinausgehen und die Kinder dazu anregen, sich zunächst über Sachbücher bzw. andere Medien zum Thema Kerzen zu informieren, um anschließend einen eigenen informativen Kurztext bzw. Absatz zu verfassen.

> Für Aufgabenformulierungen in Sprach-, Lese- und Fachbüchern ist es üblich, die Aufgaben zum Text relativ „kurz und bündig“ zu halten, da ein ganzer Fragenkatalog die Schüler zunächst abschrecken würde. Sie dienen für Lehrkräfte zunächst als erste Orientierung und bedürfen in der Regel einer weiteren, der Lerngruppe angepassten Ausdifferenzierung.

Erste Anhaltspunkte werden bei dem o. g. Beispiel bereits durch die Zusatzfragen geboten. Diese beiden Fragen (s. o.) gehen auf Detailwissen ein und erfordern ein detailliertes Textwissen, aber auch die Fähigkeit zwischen den Zeilen zu lesen und die Informationen aus dem Text zu verknüpfen und darüber hinaus Inferenzen zu ziehen. Diese Aufgaben könnten mit dem relativ hohen sprachlichen Anspruch, den der Text stellt, verknüpft und erweitert werden.

Erklärungen zu unbekannten Begriffen

Bei den Erklärungen zu ungeklärten Begriffen bietet es sich an, pro Abschnitt Phrasen und Kollokationen statt einzelner Begriffe zu erläutern und zu thematisieren. Worterklärungen können zwar auch sinnvoll und verständnisfördernd wirken, jedoch sollte der Sachkontext, in dem die Begriffe vorgefunden werden, nicht in Vergessenheit geraten. So macht es beispielsweise Sinn, nicht einfach nur das Wort „verharzt" zu erläutern, sondern auch die morpho-syntaktische Zusammensetzung mit dem entsprechenden Substantiv, also den sprachlichen Zusammenhang aus dem Text zu berücksichtigen, also „verharztes Holz". Dann wird die Bedeutung im eigentlichen Sinne auch im jeweiligen Kontext und für die Verknüpfung der propositionalen Gehalte deutlich; bei dem Beispiel „verharztes Holz" ist also das Weiterverarbeiten bzw. in Späne schneiden für die Verarbeitung des Holzes wichtig. Ein weiteres Beispiel auf lexikalischer Ebene betrifft das Wort „Pech". Hier handelt es sich um ein Wort, das umgangssprachlich Kindern sehr wahrscheinlich bekannt ist, aber nicht als Fachausdruck für teerartige Flüssigkeit.

In Bezug auf spontane Wortbedeutungserklärungen während des (Vor)Leseprozesses wies auch OOMEN-WELKE (2003, 176) im Rahmen der von ihr durchgeführten Untersuchung zu Leseprozessen bei zweisprachigen Kindern auf mögliche Grenzen hin:

> *Die einzelnen Ausdrücke mögen [...] verständlich werden; der Textzusammenhang wird dadurch nicht klarer.* OOMEN-WELKE (2003, 176)

Aufgrund der hohen Anzahl von Fachbegriffen in dem vorliegenden Sachtext, die zum Teil mit mehreren Informationen in einem Satz propositional verknüpft werden, dürfte es folglich nicht ausreichen, während des Lesens oder kurz nach dem Lesen einzelne unbekannte Begriffe zu klären. Der folgende Beispielsatz aus dem Text (TINTO 2008, 76) soll dieses Problem noch einmal verdeutlichen:

„Man umwickelte ein Holzscheit am oberen Ende dick mit Pflanzenfasern und tränkte es mit Harz, Pech oder Teer."

Abgesehen davon, dass dieser Satz insgesamt fünf Fachausdrücke enthält, werden zwei einzelne Vorgänge bzw. Schritte beschrieben, die mit der Konjunktion *und* verknüpft werden. Die Verknüpfung dieser beiden propositionalen Inhalte in einem Satz ist wichtig für das Verstehen der Entwicklung und der Funktionalität des Kienspans als älteste künstliche Lichtquelle. Dieses Beispiel verdeutlicht, wie kleinschrittig man vorgehen muss, wenn man nun zunächst jeden unbekannten Begriff aus diesem Satz erläutert bzw. klärt. Vor dem Hintergrund, dass in nahezu allen Sätzen Fachausdrücke wesentliche Träger der Propositionen sind, ist es unerlässlich, schon vor der Einführung dieses Textes Begriffe bezüglich der Thematik einzuführen. Erst auf diese Weise, auf einer möglichst „stabilen Wortschatzbasis" also, wäre es möglich, diesen Sachtext in seinen Einzelteilen vollständig zu erfassen und eigenes Wissen diesbezüglich einzusetzen sowie auch Inferenzen zu ziehen.

Lexikalische Einheiten verstehen und erweitern

Die zweite Aufgabe, für die einzelnen Abschnitte eine Überschrift zu finden, ist eine wichtige Übung zur Förderung des Textverständnisses. Diese müsste jedoch unbedingt ergänzt bzw. mit der Textüberschrift verknüpft werden. Für die Erarbeitung der sog. *Makroproposition* nach Reich (1990), eines globalen Verständnisses, worum es in dem Text im Allgemeinen geht, ist es notwendig, auch auf die einzelnen Abschnitte einzugehen und diese inhaltlich sowie auch sprachlich zu erarbeiten.

Die folgende Checkliste (s. S. 56) zur Analyse des Schwierigkeitsgrades von Texten ist angelehnt an Benholz et al. (1999) und Rehbein (1997).

Kopiervorlage

Analyseraster für Sachtexte

Analyseebene	**Kriterien**	✓	**Änderungen/ Ergänzungen**
Schüler	Motivation		
	Alltagserfahrungen & Lebenswelt		
	Sprachliches Wissen (z. B. besondere Voraussetzungen)		
Text	Textsorte Thema/Kontext		
	Handlungskonzept Thema/Kontext		
	Textebene – Sinnabschnitte		
	Formale Ebene – Absätze – Zeilen – Schriftform/Schriftgröße		
	Sprachliche Ebene – Wortebene – Satzebene		
	Aufgaben/Übungen zum Text		
	Darstellungen/Bilder		

Textverständnis durch Literalität

4

4.1 Sprachförderung durch Literalität

Leitfragen für dieses Unterkapitel:

- *Welche (Einfluss)Faktoren im Hinblick auf die Literalitätsentwicklung müssen bei Kindern nichtdeutscher Herkunftssprachen berücksichtigt werden?*
- *Wie können Lesefähigkeiten in beiden Sprachen gefördert werden?*
- *Wie kann Literalitätsentwicklung erfasst und beschrieben werden?*

Funktionale Biliteralität

Von einer zweisprachigen Literalität kann entweder dann die Rede sein, wenn Kinder im Einzelfall, die mit zwei Sprachen aufwachsen, auch in beiden Sprachen literarisiert werden, oder in mehrsprachigen Gesellschaften, Literalität in Erst- und Zweitsprache erworben wird. Im ersten Kapitel dieses Buches wurde auf das Kompetenzmodell nach HURRELMANN/GROEBEN (2004) sowie die Kritik seitens der Zweit-/Fremdsprachendidaktik über EHLERS (2002) kurz hingewiesen. Der Zusammenhang, aus dem die Kritik an dem Lesekompetenzmodell, der die Lesesozialisation und damit persönliche emotionale sowie motivationale Komponenten hervorhebt, erwachsen ist, beruht im Grunde auf der Auslegung des Begriffs „Heterogenität". Da Lesesozialisation zu einem bedeutenden Teil auf die Familienkonstellation bzw. den familiären Einfluss zurückzuführen ist, ist die Forderung von EHLERS, dass unterschiedliche Lesesozialisationen, zu denen beispielsweise auch die Vorlesekultur innerhalb der Familie zählt, in gleicher Weise ihre Berücksichtigung finden müssen. Was die Untersuchung der Mutter-Kind-Interaktion hinsichtlich Literalität und Literalitätsförderung anbelangt, so liegen inzwischen Studien vor, die dies in unterschiedlichen erstsprachlichen Kontexten untersuchen.[14]

Funktionale Biliteralität umfasst im Sinne von EHLERS (2006) den pragmatischen Nutzen und die Anwendbarkeit von Lesestrategien bzw. den Umgang mit Textsorten in ganz bestimmten Handlungskontexten. Denn je nach anwendungsbezogenen Handlungszusammenhängen können Lesestrategien

14 Zu Mutter-Kind-(Vorlese)Interaktionen in Migrantenfamilien vgl. z. B. ŞENYILDIZ 2010.

dabei helfen, Texte detailliert zu lesen oder sich lediglich ein globales Wissen bzw. Einzelwissen anzueignen, wie dies beispielsweise in der Regel beim „Überfliegen" von Fahrplänen der Fall ist.

Für Migranten in Deutschland handelt es sich in aller Regel um Texte in der Zweitsprache, die in der Öffentlichkeit präsent sind (beispielsweise Fahrpläne an Haltestellen, Bahnhöfen etc.). Andere Texte, die möglicherweise eher privat konsumiert werden könnten, sind hingegen Romane oder Zeitungen. Diese werden je nach (Sprach)Interesse, Motivation und (Sprach)Kompetenz in der Erstsprache gelesen.

> *Biliteralität bezieht sich auf das Lesen und Schreiben in zwei Sprachen, d. h. auf den habituellen Gebrauch von zwei Sprachen und die Beherrschung zweier Schriftkodes.*
> (EHLERS 2006, 8)

Funktionale Biliteralität orientiert sich gleichwohl an persönlichen literalen Bedürfnissen (beispielsweise beruflich orientiert etc.).

Eine zwei-/mehrsprachige Lesesozialisation

EHLERS konstatiert des Weiteren, dass funktionale Biliteralität nicht impliziert, dass die Leser beide Sprachen gleich gut beherrschen müssen. Sie bezieht sich ausschließlich auf die Lesesozialisation, die sich in öffentlichen und privaten Bereichen bzw. Interessen widerspiegelt. Die unterschiedlichen Handlungszusammenhänge und die pragmatische Ausrichtung der Literalität ist der Grundgedanke dieses Ansatzes, welche Texte in welchen Lebenssituationen eingesetzt werden und welche Lesestrategien zur Lösung alltäglicher Leseaufgaben gebraucht werden. Weiterhin bleibt zu unterscheiden, ob und welche Texte bzw. Textsorten beispielsweise aus beruflichen Gründen gelesen werden (Formulare in der Verwaltung, Briefe etc.) und welche Textsorten privat bevorzugt werden (Romane, Zeitungen etc.).

Wichtig
„Texthabitualisierung" beginnt schon vor Schul- und Kindergarteneintritt, wenn beispielsweise am Schlafbett vorgelesen wird (vgl. REHBEIN 2007).

Da zweisprachige Leseerwerbsprozesse simultan oder sukzessiv mit der Erst- oder der Zweitsprache entwickelt werden, müsste die Förderung demzufolge ebenfalls in Erst- und Zweitsprache erfolgen. Hier zeigt sich in der Fachdidaktik und in den Schulen jedoch noch ein großes Desiderat, da sogar im Herkunftssprachenunterricht bisher keine bzw. selten zweisprachige Leseprojekte durchgeführt werden und die Leseförderung in der Erstsprache beispielsweise hinsichtlich der Lesestrategien in der Regel nicht an der Leseförderung im Deutschunterricht orientiert ist.

Literalitätsentwicklung bei zweisprachigen Kindern

In Bezug auf die Entwicklung literaler Fähigkeiten entwickelte KUYUMCU (2006) ein Modell für Literalitätsentwicklung[15].

Ziel dieser Darstellung ist die Konstellation der in der Darstellung aufgezeigten Variablen mit den Lernern bzw. den Lernertypen. Der Fokus richtet sich auf die Frage nach der Gewichtung der einzelnen Variablen in Konnex mit den jeweiligen Lernern.[16]

Bevor das Modell vorgestellt wird, sollen an dieser Stelle zunächst tabellarisch fünf Dimensionen aufgezeigt werden, die nach KUYUMCU für die Beschreibung einer Literalitätsentwicklung von großer Relevanz sind.

Vorlesen	Bilderbuchbetrachtungen, Bücherausleihe, Aufforderungen zum Vorlesen (Häufigkeiten, Intensität)
Lesen	Leseversuche (nachahmend versuchen zu lesen), Buchstaben erkennen, Fragen zu Schrift(zeichen) stellen
Schreiben	Kritzelbilder, erste Schreibversuche, Buchstabenkombinationen (Abmalen), Geschichten „diktieren"
Metasprachliche Ebene	Laute (hören, produzieren), Sprachreflexionen
Funktion von Schrift	Buchstaben- und Zeichenverständnis, Textverständnis etc.

Möglichkeiten zur Beschreibung von Literalitätsentwicklung nach KUYUMCU *(2006, 57)*

Individuelle Literalitätsentwicklung

Im Rahmen der Literalitätsentwicklung soll das Modell dabei helfen, die unterschiedlichen Schwerpunkte bzw. Interessen, Voraussetzungen (sprachliche sowie auch sozial-kulturelle) etc. im Hinblick auf die individuelle Entwicklung auszurichten. Dies ist insofern von großer Relevanz, da „[d]ie Entwicklung einer solchen Fähigkeit [...] ein Prozess [ist], der seine Wurzeln in den ersten Jahren eines Kindes hat." (KUYUMCU 2006, 53) Deutlich zu erkennen sind im Modell die einzelnen Einflussfaktoren auf die individu-

15 KUYUMCU (2006, 53) definiert den Begriff der Literalität folgendermaßen: „Unter dem Begriff ‚Literalität' wird hier im weiteren Sinne ‚Umgang mit Schrift und schriftsprachlichen Strukturen verstanden [...] (vgl. GROEBEN 2001). ‚Literalität' meint danach die Fähigkeit, Tabellen und Fahrpläne zu lesen, ein Lexikon zu benutzen, einen Brief zu schreiben, Gedichte zu lesen – allgemein: jegliche schriftsprachliche Kompetenz (ebd., 6)."

16 Ein weiterer Faktor, der zu berücksichtigen wäre, von KUYUMCU aber bewusst ausgeklammert wird, ist beispielsweise die mediale Dimension (elektronische Medien).

elle Literalitätsentwicklung. Insgesamt werden sieben Variablen vorgegeben, die im Einzelnen näher erläutert und angewandt werden. Wenngleich die Darstellung bezüglich der Literalitätsentwicklung bei Kindern an einen Zyklus erinnert, so wird explizit darauf hingewiesen, dass hier keine Abfolge, sondern ein Nebeneinander der einzelnen Punkte zu beachten ist.

Nachstehend wird das Modell in seinen einzelnen sieben Variablen für Literalitätsentwicklung nach Kuyumcu dargestellt.

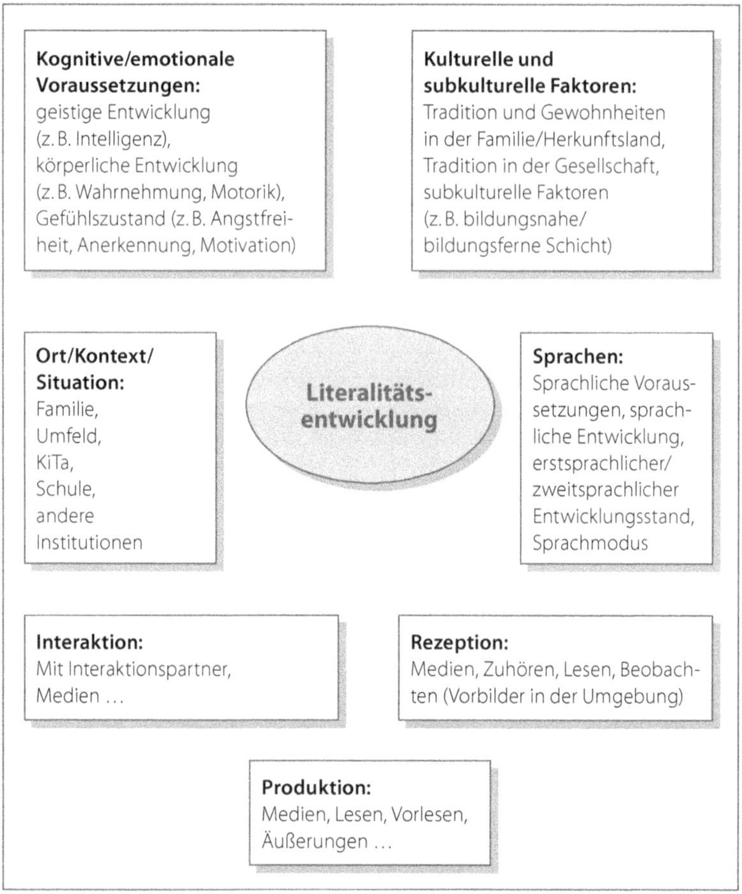

Modell für Literalitätsentwicklung nach Kuyumcu, Reyhan, *Universität Flensburg 2006, 55*

Ein interessantes und wohl entscheidendes Ergebnis, zu dem KUYUMCU kommt, ist, dass sich die Entwicklung der Literalität bei Kindern mit Deutsch als Zweitsprache nicht auf die sprachlichen Kompetenzen in Erst- und Zweitsprache reduzieren lässt (vgl. ebd.). Vielmehr sind es weit differenziertere familiale, sozial-kulturelle Einflussfaktoren, die zu den sprachlichen Kompetenzen addiert werden müssen. Somit ergibt sich ein viel heterogeneres Bild als allein durch die Variable ‚Sprachkenntnisse in DaZ', das zugleich fast deckungsgleich mit Forschungsstudien zur Lesesozialisation bei Kindern mit Deutsch als Erstsprache ist. Denn hier zeigte u. a. HURRELMANN (2009, 138), dass „nach übereinstimmender Forschungsauffassung [...] die Familie die wichtigste Vermittlerin von Lesekompetenz [ist] [...]". Die alltägliche und familiäre Interaktion prägt die individuelle Lesesozialisation schon im sehr frühen Kindesalter „im Kontext der prä- und paraliterarischen Kommunikationsformen zwischen Eltern und Kindern" (ebd.). Personale und individuelle Unterschiede in Lesemotivation und emotional-kognitiver Kompetenz müssen der Entwicklung der Lesesozialisation als zusätzliche und nicht unerhebliche Einflussfaktoren beigemessen werden.

Literalität und Sprachlernbiografien

Wie notwendig (sprach)lernbiografische Daten im Forschungs- und Datenerhebungskontext sind, bestätigen auch APELTAUER/ŞENYILDIZ (2011) mit den Sprachlernbiografien, die sie für einzelne zwei- bzw. mehrsprachige Kinder aus ihren Forschungsstudien erstellen. Nicht nur die sprachlichen Voraussetzungen der Kinder selbst sind ausschlaggebend, sondern aufgrund der Berücksichtigung von Dauer und Qualität des Sprachkontaktes auch die der Eltern.

> Dabei müssen folgende Fragen bezüglich einer sprachlernbiografischen Datenerfassung u. a. berücksichtigt werden:
>
> 1. *In welchen Sprachen sprechen die Kinder mit ihren Eltern, Freunden, Verwandten etc.?*
> 2. *Wie gut sind die Kompetenzen in der Erstsprache bei den Eltern?*
> 3. *In welchen Sprachen lesen Eltern Geschichten vor?*
> 4. *Wie ist der sprachliche Input im Hinblick auf Kontaktdauer und Kontaktqualität in den Einzelfällen zu werten? usw.*

Literalitätsförderung beginnt bereits vor Schuleintritt. Das bedeutet also, dass Kinder bereits im Kindergartenalter Schrift und Texten in unterschiedlichster Form, Zeit und Intensität begegnen. In einem mehrsprachigen fa-

> **Wichtig**
> Kinder mit Deutsch als Zweitsprache bringen bei der Einschulung in gleicher Weise Wissen und Erfahrungen mit Schrift und Schriftlichkeit mit, wie einsprachige Kinder auch. Lebensmittelverpackungen mit arabischen Schriftzeichen oder die Zeitung in türkischer Sprache sind ebenso Quellen, mit denen zweisprachige Kinder bereits vor der Einschulung in Kontakt treten.

miliären Kontext ist von mehr als nur einem Laut- und Schriftsystem auszugehen. Die sprachliche Heterogenität wird damit potenziert, indem nunmehr auch sprachlernbiografische Kriterien berücksichtigt werden müssen, da nicht allen zweisprachig aufwachsenden Kindern auch Geschichten in beiden Sprachen vorgelesen und erzählt werden. So plädiert die Fachdidaktik und die Fachwissenschaft bereits seit geraumer Zeit für ein frühes Anbahnen von Literalität im Vorschulalter, da der sprachliche Input durch Geschichten in verschiedenen Bereichen des Erst- und Zweitspracherwerbs anzusiedeln ist (Wortschatz, Grammatik, phonische Fähigkeiten etc.).[17]

Sprachliche Frühförderung im Rahmen der Literalitätsförderung

Apeltauers (2006b) Differenzierung der sprachlichen Frühförderung in zwei Ansätze, den *fertigkeitsorientierten* und den *ganzheitlichen Ansatz*, fassen die zentralen Gedanken der Sprachförderung in Kindertageseinrichtungen zusammen.

Der *fertigkeitsorientierte Ansatz* sieht die Zergliederung der Literalitätsentwicklung in kleinere Teilprozesse vor, die von der Rekodierung und Dekodierung bis hin zur Bedeutungszuordnung einen Prozess bilden. Bei dem *deduktiven Prozess* besteht der kleinste Teilprozess darin, Laute zu Buchstaben und in einem nächsten Schritt diese zu Morphemen usw. zuzuordnen. Das Problem, welches dieser Ansatz impliziert, ist die Voraussetzung, dass die zu lesenden Wörter als bekannt und automatisiert vorausgesetzt werden müssten. Hier wird von Apeltauer auf eine mögliche sprachliche Hürde hingewiesen, nämlich die Wortschatzkenntnisse, die sich in ihrem Umfang und in ihrer Differenziertheit in Erst- bzw. Zweitsprache stark voneinander unterscheiden können.

Der *ganzheitliche Ansatz* entspricht nicht einer deduktiven Orientierung, sondern einem *kollaborativen Prozess* „der Bedeutungskonstruktion und des Bedeutungsaushandelns“ (Apeltauer 2006b, 40). Im Gegensatz zum fertigkeitsorientierten Ansatz wird in diesem Fall von einer Ganzheitlichkeit ausgegangen, sodass beispielsweise eine Erzählung den Ausgangspunkt für die induktive Auseinandersetzung mit sprachlichen Einzelheiten bildet. Diese auch in Kindertageseinrichtungen beliebte Form der „induktiven

17 Zur Entwicklung erst- und zweitsprachlicher Kompetenzen in unterschiedlichen Bereichen vgl. „sprachlicher Qualifikationenfächer“ in Ehlich/Bredel/Reich (2008).

Sprachförderung" erfordert die intensive Auseinandersetzung mit Textinhalt und Sprachebene. Wörter und Lexeme werden nicht nur dekodiert, sondern in einer Vorlese-Interaktion wiederholt, paraphrasiert und in Fragen eingebaut. Die Vorteile einer zweisprachigen Literalitätsförderung kommen zum Vorschein, wenn man insbesondere von dem letztgenannten Ansatz und einer positiven Entwicklung der Zweitsprachentwicklung bei gleichzeitiger Förderung der Erstsprachenkenntnisse ausgeht. Geschichten und Erzählungen in Erst- und Zweitsprache können Kinder nicht nur inhaltlich und hinsichtlich ihrer textstrukturellen Besonderheiten intensiver erfassen, sondern auch im Hinblick des Spracherwerbs, wenn neben Wortschatzerweiterung in der Zweitsprache Deutsch auch Genus- und Kasuskongruenz oder syntaktische Regeln erworben werden. Aus diesem Grund plädiert nicht nur APELTAUER für eine zwei- bzw. mehrsprachige Literalitätsförderung, bei der Kindern Geschichten und Erzählungen in den Sprachen, die sie lernen, vorgelesen und erzählt werden. Auf dem Weg des Zweitspracherwerbs fließen neben den sprachreflexiven Fähigkeiten die literalen Fähigkeiten in beide Entwicklungsprozesse ein und sollten daher in beiden Sprachen gefördert werden. Durch frühzeitige und intensive Eltern-Kooperationen können sich Lehrkräfte auch dieser Herausforderung stellen (vgl. dazu Kapitel 5). So ist

> *[das] Anbahnen von Literalität immer auch eine Vorbereitung auf die Schule und auf das Lesen lernen, weil im Rahmen solcher Maßnahmen auch Weltwissen gesammelt, geordnet und verfügbar gemacht wird, verfügbar insbesondere über die Zweitsprache.* (APELTAUER 2006b, 41)

Eltern, die die deutsche Sprache nicht so gut beherrschen, müssen dahingehend bestärkt werden, ihren Kindern sprachliche Kompetenzen in ihrer Erstsprache so gut und intensiv wie möglich zu vermitteln, z. B. durch das Vorlesen und Erzählen von Geschichten.

Wichtig
Die lebensweltliche Gestaltung prägt die frühen Schrift- und Literalitätserfahrungen der Kinder.

Welche Bilderbücher eignen sich zur Sprachförderung?

Im Rahmen von frühen sprachfördernden Maßnahmen, sei es institutionell oder innerhalb der Familie, spielt die Auswahl geeigneter Bücher eine große Rolle. Die Bücher sollten soweit illustriert sein, dass sie das Interesse der Leser und Bilderbuchbetrachter wecken und den Zuhörern dabei helfen, der Handlung aus der vorgelesenen Geschichte zu folgen. Insbesondere im

Sinne interaktiver Vorleseverfahren ist es geradezu notwendig, dass es sich um ein möglichst großes Format mit ansprechenden Bildern und einer gut lesbaren Schriftform sowie Schriftgröße handelt.

Neben der formalen Seite, die die Kinder zum Betrachten und Mitlesen anregen sollte, zählen die sprachlich-strukturellen Aspekte zu dieser konkreten Form des sprachlichen Inputs. Dabei stellt sich die Frage, ob es sich beispielsweise um eine bestimmte Textsorte handelt und damit einhergehende textstrukturelle Besonderheiten vorzufinden sind. Auch sollte das Buch so ausgewählt werden, dass es bei Kindern, die große Schwierigkeiten in der Zweitsprache haben, nicht dazu führt, dass sie im Vorleseprozess irgendwann „abschalten". In diesem Fall muss unter Rücksichtnahme auf mögliche Verstehensschwierigkeiten das Buch auf lexikalischer und syntaktischer Ebene analysiert werden. Dabei ist nicht die Einführung von wenigen neuen Begriffen gemeint, - was sogar durchaus sinnvoll wäre - sondern das Verhältnis von Inhalt und Textumfang. Je mehr neue Wörter in einer Geschichte auftauchen und je komplexer auch die Satzstrukturen werden, umso schneller kann es passieren, dass die Aufmerksamkeit und Motivation bei den jungen Zuhörern nachlässt. Im Sinne einer Förderung ist es zweifellos angebrachter, wenn neue Lexeme in einer „überschaubaren" Anzahl eingesetzt werden. In Zwischengesprächen oder Abschlussdiskussionen sollten die Lehrkräfte idealiter auch die neuen Wörter in den Kontext einbauen. Somit nehmen die Kinder Wörter und syntaktische Regeln nicht nur passiv auf, sondern werden gleich interaktiv in den Lese- und Erzählprozess involviert. Sie setzen ihr neu erworbenes Wissen direkt aktiv ein und formulieren eigene Sätze (z. B. bei Fragestellungen oder Nacherzählungen).

Wichtig
Schriftliche Medien in der Erstsprache, die in Elternhäusern präsent sind, stellen keinen Ersatz für die Förderung der Zweitsprache dar. Dennoch tragen sie eine große Bedeutung im Hinblick auf Schrift- und Texterfahrung.

Diese Erfahrungen sind für die Erst- und für die Zweitsprache wichtig. Eltern sollten in jedem Fall darin unterstützt werden, geeignete Medien auszuwählen. Als Kriterium muss auch die Herkunftssprache berücksichtigt werden, d. h. wenn Elternteile lieber in ihrer Muttersprache vorlesen möchten! Schrift- und textkulturelle Erfahrungen sind in allen Sprachen, denen die Kinder institutionell oder familiär begegnen, wertvoll und sollten in jedem Fall unterstützt werden. Häufig genügt hier ein aufgeschlossenes, interessiertes und motivierendes Zugehen auf Migranteneltern, was sie sicher ermutigt, auch eigenständig Bücher auszuwählen und zu Hause ihren Kindern vorzulesen (vgl. Tipps und Hinweise zur Literalitätsförderung in Erst- und Zweitsprache für Elternabende).

4.2 Textverstehen in der Zweitsprache fördern

Leitfragen für dieses Unterkapitel:

- *Welche Übungsformate erweisen sich als didaktisch sinnvoll?*
- *Wie könnte eine Förderung exemplarisch aufgebaut sein?*

Mit Blick auf vertiefende und konkrete Übungen für die schnelle Wort- und Satzerkennung schlägt LÜTKE (2009) zur Arbeit mit narrativen Texten u. a. die Arbeit zu sprachlichen Mitteln vor, die das Erfassen und Konzeptualisieren temporaler, räumlicher und kausaler Beziehungen ermöglichen.

Um zeitliche Bezüge und Zeitverläufe im Text schneller nachvollziehen zu können, rät sie zum Erarbeiten von Zeitwörtern mithilfe eines Zeitstrahls, das Adverbiale, die in den jeweiligen Texten vorkommen können bzw. in dem von ihr vorgestellten Textbeispiel vorkommen, nacheinander auflistet. Mit Beispielsätzen zu Ereignissen aus bzw. zu dem Text sollen Sätze gebildet werden, die jene Temporaladverbialien enthalten sollen.

Mathematikaufgaben lesen und verstehen

Diese Übungsform wäre als Aufgabenformat auch übertragbar auf andere narrative Texte, in denen unterschiedliche Ereignisse thematisiert werden, aber auch auf Darstellungen und Erzählungen zu eigenen Tagesabläufen. Des Weiteren können weitere Zeitwörter ergänzt und/oder neue Zeitverläufe mit Blick auf den Text bzw. die Erzählung variiert werden.

Zeitwort/ Adverbiale der Zeit	**Ereignisse/Handlungen**
morgens	
mittags	
...	
...	
nachts	

Beispiel: Zeitverläufe – Zeitwörter (vgl. LÜTKE *2009)*

Denkbar wäre dieses Aufgabenformat, das für ein viertes Schuljahr angedacht ist, außerdem für mathematische Sach- bzw. Problemlöseaufgaben. Das folgende Beispiel aus den BILDUNGSSTANDARDS MATHEMATIK (2004) soll diesen Gedanken einer fachübergreifenden Sprachdidaktik exemplarisch verdeutlichen.

Als Information zum durchschnittlichen Wasserverbrauch pro Person/pro Tag wird für die Schüler die folgende Übersicht bereitgestellt:

Durchschnittlicher Wasserverbrauch pro Person/pro Tag			
Kochen, Trinken	5 Liter	Körperpflege	49 Liter
Geschirr spülen	8 Liter	Toilettenspülung	35 Liter
Blumen/Garten	5 Liter	Wäsche waschen	49 Liter
		Sonstiges	7 Liter

Aus: KMK Mathe 2004, 26 f.

Anschließend werden zu diesem Kästchen mit Sachinformationen Sachaufgaben und Möglichkeiten vorgestellt.

Eine der vorgeschlagenen Aufgaben lautet: „*Wie viel Liter Wasser verbraucht eine Person an einem Tag durchschnittlich für Körperpflege und Wäsche waschen?*"

Da der durchschnittliche Wert für die jeweiligen Tätigkeiten bereits angegeben wurde, gilt es hier zur Aufgabenbewältigung die Werte aufzusummieren. Erweitern könnte man die Aufgabe nun, indem man mit temporalen Adverbialen einen bestimmten zeitlichen Abschnitt erfassen möchte, z. B. wöchentlich, vierteljährlich oder z. B. jährlich.

In einer der darauffolgenden Aufgabenstellungen erhält man ein weiteres Mal die Möglichkeit, diesmal aus den Phrasen, die gleichen adverbialen Bestimmungen abzuleiten, d. h. anstelle von „an einem Tag" täglich usw.

Wie viel Wasser verbraucht eine Person insgesamt
– an einem Tag?
– in einer Woche?"

Aus: KMK Mathe 2004, 26 f.

Neben adverbialen Bestimmungen gibt LÜTKE zur intensiven Arbeit mit Texten den Hinweis, Konjunktionen als Signalwörter für „Kausal- und Bedingungszusammenhänge" (LÜTKE 2009, 31) sowie auch Proformen, die als sprachliche Referenzmittel dienen und im Text auf Figuren bzw. Gegenstände referieren, zu erarbeiten. Die Bedeutung von satzverknüpfenden Elementen u. a. für das Erfassen der propositionalen Gehalte einzelner Abschnitte und in Bezug auf den Gesamtzusammenhang im Text hinsichtlich des Leseverstehens wurde bereits in den Analysemöglichkeiten von Texten nach Benholz et al. (2005) und Rehbein (1997) explizit deutlich.

Ehlers (2004, 8) schlägt für eine intensive Auseinandersetzung mit erzählenden Texten auch für zweisprachig aufwachsende Kinder insbesondere die Arbeit mit W-Fragen vor. Dabei ist nicht nur die Formulierung einer gezielten W-Frage mit dem entsprechenden W-Fragewort wichtig (wie beispielsweise die Satzstellung), sondern auch die Hilfskonstruktionen für Antwortmöglichkeiten bspw. durch die Angabe von Präpositionen, wie Ehlers in der nachstehenden Tabelle exemplarisch verdeutlicht:

W-Fragen	
Fragen	**Antworten**
wer/was	Namen von Personen oder Institutionen/Organisationen Titel von Personen; das Subjekt des Satzes
was	Verben für Tätigkeiten/Handlungen/Geschehnisse
wo	Namen von Gebäuden/Straßen/Plätzen Adressen, Städte- und Ländernamen Präpositionen: vor, bei, in, neben, an ...
wann	Jahreszahlen, Datumsangaben, Wochentage, Monate, Uhrzeiten Zeitangaben: heute, gestern, morgen, letzte Woche, heute Abend, morgen früh
warum	weil, da, denn, verursacht durch, infolge, wegen
wie	mithilfe von, durch/dadurch/indem

Aus Ehlers *2004 , 8. In: Deutschunterricht 4/2004*

5 Anregungen für den Unterricht

5.1 Leseportfolios

„Das Leseportfolio ist eine ziel- und zweckgerichtete Auswahl von Arbeiten eines Schülers, einer Schülerin, in welcher die individuellen Bemühungen, Fortschritte und Leistungen im Bereich Lesen dokumentiert und reflektiert werden."

(Schmidinger 2007, 141)

Leitfragen für dieses Unterkapitel:

- *Was sind die pädagogischen Ziele einer Portfolioarbeit?*
- *Wie kann Portfolioarbeit in den Unterricht integriert werden?*
- *Welche Kriterien sollte ein Leseportfolio für zwei-/mehrsprachige Kinder berücksichtigen?*

Möglichkeiten und Ziele der Portfolioarbeit

Das Portfolio – ein individueller (Sprach)lernbegleiter

Das Portfolio dient im Allgemeinen dazu, den individuellen Lernweg und die Lernentwicklung über einen längeren Zeitraum zu dokumentieren[18]. Ein relevantes Kriterium im Vergleich zu anderen Diagnose- und Lehrinstrumenten ist die Funktion des Portfolios als Lernbegleiter. Die Schüler legen selbst eine Mappe mit eigenen Ergebnissen und Arbeiten an. Reflexionen im Hinblick auf die eigene Leistung sowie auch den Lernweg bzw. die Lernerfolge sind ein wesentlicher Bestandteil des Portfolios. Betrachtet man die Portfolioarbeit aus Sicht der Lehrenden, so ergibt sich dort eine Herausforderung bezüglich der Unterrichtsentwicklung. Sie sollten Wünsche, Anregungen, aber auch Problemdarstellungen seitens der Kinder wahrnehmen und in ihre Unterrichtsplanung integrieren. Nur so ist eine erfolgreiche Portfolioarbeit aus Sicht beider Seiten sinnvoll und effektiv. Dies wird in Anlehnung an Schmidinger in der nachstehenden Grafik verdeutlicht. Zu berücksichtigen sind in diesem Kontext insbesondere die Unterpunkte „Lehr-Lern-Unterrichtsentwicklungsinstrument" und „Lehr-Lern-Schulentwicklungsinstrument" (Schmidinger 2007, 142). Diese zeigen explizit die Not-

18 Das Portfoliokonzept wird im Rahmen des Gemeinsamen Europäischen Referenzrahmens (GER) eingesetzt. Das GER und das Europäische Sprachenportfolio sind Instrumente der Fremdsprachendidaktik und des Fremdsprachenunterrichts. In den vergangenen Jahren hat sich aufgrund curricularer Änderungen die Unterrichtskonzeption erheblich verändert (vgl. DaZ; Berücksichtigung der Herkunftssprachen).

wendigkeit einer ständigen Fortentwicklung des Unterrichts sowie auch die zunehmende Fokussierung auf individuelle Lernwege – zu denen auch die zwei- bzw. mehrsprachige (Lese)Entwicklung zählt – auf.

Die Vernetzung einzelner Funktionen des Portfolios, der Lernprozesse bzw. Prozess-Schritte ist für den erfolgreichen Einsatz ausschlaggebend, da diese je nach Lerngruppe konkretisiert bzw. differenziert werden können.

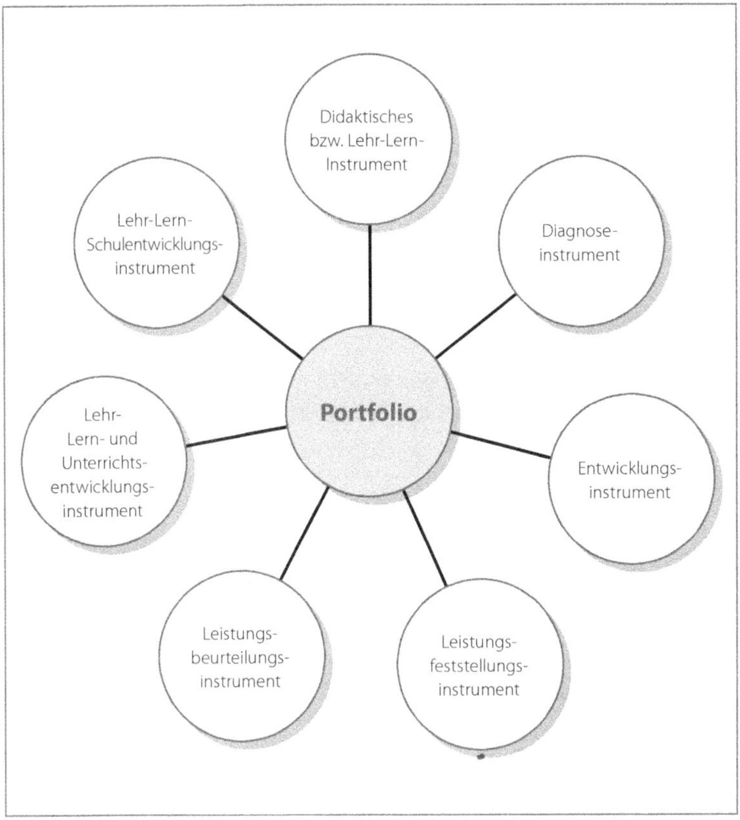

Ziele der Portfolioarbeit nach SCHMIDINGER *(2007, 142)*

Bereits das Sammeln und Reflektieren eigener Materialien, Dokumente sowie auch Interessen ist eine positive Grundlage für die Dokumentation der individuellen Lernentwicklung. Was nun ein Leseportfolio im Gegensatz zu einem allgemeinen Portfolio ausmacht, wird im Folgenden erläutert.

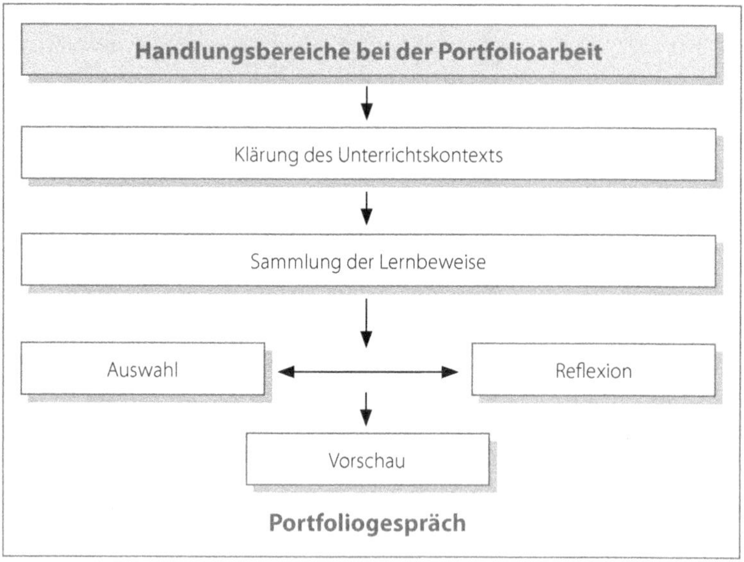

Handlungsbereiche bei der Portfolioarbeit im Unterricht (aus: SCHMIDINGER, ELFRIEDE *2007, 148 © Kallmeyer, Seelze)*

Das Leseportfolio als didaktischer Ansatz für einen mehrsprachigen und sprachreflexiven Unterricht

Ein Leseportfolio sollte wie alle anderen Portfolios neben dem persönlich gestalteten Deckblatt auch Registerblätter, Selbstreflexions- und Rückmeldebögen enthalten (vgl. SCHMIDINGER 2007). Die Registerblätter dienen in erster Linie zur Ordnung der einzelnen Themen in der Mappe.

Die Entwicklung einer Lesepersönlichkeit

Bereits in dem ersten Unterpunkt („Das bin ich") kann das Kind persönliche Lesevorlieben und Leseinteressen bzw. eigene Leseerfahrungen ein bauen. SCHMIDINGER (2007, 142) charakterisiert diesen Teil als Einblick in die *Lesepersönlichkeit* des jeweiligen Kindes. Auch im Hinblick auf die zweisprachige Leseentwicklung ist dieser Aspekt entscheidend, da Kinder auch Erfahrungen mit Texten in ihrer Erstsprache verschriftlichen können oder aber den Raum dafür bekommen, mögliche Lieblingsgeschichten zu literarischen Figuren aus dem Herkunftsland aufzuzählen[19].

19 Nicht selten kennen beispielsweise Kinder mit Türkisch als Erstsprache durch den Medienkonsum in der Herkunftssprache innerhalb der Familie auch viele Kinderserien aus dem türkischen Fernsehen.

Folgende Thementeile eines Leseportfolios sind für die Portfolioarbeit zu berücksichtigen:

1. *Das bin ich/Lesestandardprofil* des Schülers
2. Für die Leserinnen und Leser (des Portfolios): Das Portfolio als *gemeinsamer Reflexionsgegenstand* (Briefe etc.)
3. Registerblätter zu den Lesebildungsstandards mit *Selbstreflexions- und Rückmeldebogen*
4. *Leseliste*, die zu den jeweils gelesenen Büchern von den Schülern geführt wird

(nach SCHMIDINGER 2007, 142 f.)

Eine konkrete Möglichkeit im Zusammenhang mit den Selbstreflexions- und Rückmeldebögen bestünde darin, in diesen bedeutenden Teil des Lernprozesses auch die Erstsprache der Kinder einzubeziehen. Schüler mit gleichen Herkunftssprachen sollten die Gelegenheit dafür bekommen, sich frei in der von ihnen gewählten Sprache (Erst- oder Zweitsprach) über Literatur und gemeinsame Leseinteressen bzw. Leseerfahrungen auszutauschen. Förderung ist dahingehend sicherlich nicht nur bezüglich der Lesemotivation zu verstehen, sondern auch in der gegenseitigen Unterstützung und im regen Austausch über Sprache und Inhalt. Eine Kooperation mit dem Herkunftssprachenlehrer wäre hier nicht nur sinnvoll, sondern mit Blick auf die Funktion des Portfolios als Lernbegleiter sogar ratsam (vgl. dazu auch Lesetagebücher und Lesekonferenzen).

Zwei-/mehrsprachige Leseportfolios einsetzen

Um ein Leseportfolio in einer zwei- bzw. mehrsprachigen Klasse einzusetzen, müssen bereits im Vorfeld einige Fragen zu sprachlernbiografischen Daten geklärt werden. Zu diesen zählen in diesem Kontext, ob die Kinder in ihrer Erstsprache alphabetisiert sind und lesen können und ob sie bereits Erfahrungen mit Kinderliteratur in ihrer Erstsprache gesammelt haben. Erst dann wäre es die Aufgabe von Lehrern, ein entsprechendes Leseangebot in der Klasse vorzunehmen und beispielsweise zweisprachige Bücher zur Verfügung zu stellen.

Neben den Leseangeboten sollten zudem Selbstreflexions- und Rückmeldebögen eingesetzt werden, in denen auch Leseerfahrungen in der Erstsprache berücksichtigt werden. So könnte zudem die Kommunikation zwischen Kindern mit gleicher Erstsprache gefördert werden, wenn sie sich untereinander oder aber auch mit Lehrern, Eltern oder anderen Experten über Literatur austauschen, bspw. über einen Briefwechsel.

Der Austausch über Literatur in anderen Sprachen und ggf. zu literarischen Themen und Büchern aus anderen Fächern (z. B. aus dem Herkunftssprachenunterricht) sollte im Unterrichtsalltag stärker fokussiert werden. Dazu zählt auch die Kommunikation mit dem Elternhaus über Leseinteressen, Lesemotivation und das Leseverhalten der Kinder. Bei diesen Faktoren handelt es sich ebenfalls um wesentliche Bestandteile des Portfolio-Gedanken.

Der Schlüssel zu einer positiven Leseentwicklung ist bisweilen die Förderung der intrinsischen Lesemotivation und der Austausch über persönliche Leseinteressen. Sprache ist dabei das „Werkzeug", das von den Kindern in Kommunikationen über Leseerfahrungen in Erst- und Zweitsprache eingesetzt wird.

5.2 Beispiele aus der Unterrichtspraxis

Leitfrage für dieses Unterkapitel:

- *Welche weiteren didaktischen Möglichkeiten können im Rahmen einer Leseförderung in mehrsprachigen Lerngruppen umgesetzt werden?*

Für ein positives Selbstbild und eine fortschrittliche Entwicklung der individuellen Mehrsprachigkeit sollten idealerweise die Sprachen, die die Kinder auch zu Hause mit Eltern(teilen) oder anderen Familienmitgliedern und Freunden sprechen, in der Schule präsent sein. Sprachvergleichende Unterrichtsaktivitäten, die durchaus auch den frühen Fremdsprachenunterricht integrieren könnten, sind bereits zu sehr frühen Zeitpunkten in der Schullaufbahn durchführbar[20].

Bevor Beispielaufgaben für zweisprachige Literaturprojekte vorgestellt werden, wird nun noch auf den Grundsatz „Kompetenzen und Ressourcen im Lehrerkollegium nutzen" kurz eingegangen.

> Die Vorteile der Fremdsprachendidaktik Englisch in der Grundschule zeigen, wie sinnvoll, sprachfördernd und effektiv kontrastive und fächerübergreifende Sprachprojekte in der frühen Schulzeit sein können. Bilderbücher in zwei oder mehr Sprachen sind geeignete Medien, mit denen man nicht nur Themen einführen und erarbeiten, sondern Sprache auf mehreren Ebenen reflektieren kann (Wortschatz etc.).

20 Einzelne Beispiele für mehrsprachige frühe kindliche Sprachreflexionen sind beispielsweise in Dehn et al. (2012) oder Şahiner (2012) vorzufinden.

Auch soll dies nicht als Plädoyer für ein Vokabeltraining im traditionellen Sinne verstanden werden, sondern als eine sprachreflexive Arbeit mit Kindern, in der es um einzelne Bereiche geht, wie Aussprache, Wortbedeutungserschließung usw., die integrativ behandelt werden müssen.

Es lassen sich immer Wege und Möglichkeiten zu einem mehrsprachig orientierten didaktischen Ansatz finden, die über eine kurze Begrüßung in einer der in der Klasse präsenten Migrantensprache hinausgehen. Eine mögliche Ressource ist es, die Sprachkompetenzen der Herkunftssprachenlehrer oder der Eltern zu nutzen. Gemeinsame parallel verlaufende Projekte würden nicht nur die Zusammenarbeit intensivieren, sondern die mehrsprachige Klassensituation auch im Lehrerkollegium zu einem stärkeren Unterrichtsmoment etablieren. Auch wenn es sich um zeit- und arbeitsintensive Arbeitsmethoden handelt, so sollte über derartige pragmatische Vorschläge intensiver nachgedacht und Ressourcen aus dem Lehrerzimmer genutzt werden. Der Erfolg übertrifft die aufgewendete Zeit zur Vorbereitung und Durchführung um ein Vielfaches.

Konzeptuell schriftliche Textvorlagen

Witze, Abzählreime und Geschichten gehören zum sprachlichen Repertoire von Kindern, das durch das soziale und kulturelle Umfeld stark beeinflusst wird. Die Tatsache, dass Texte dieser Art zwar medial mündlich sind, aber konzeptueller Schriftlichkeit entsprechen bzw. aus konzeptuell schriftlichen Vorlagen entlehnt sind, deutet bereits auf die Möglichkeit sprachfördernder Maßnahmen mit diesen literalen Textformen hin. Der Ausbau dieser Fähigkeiten ist ein nicht zu unterschätzender Ansatz, dem auch in der Fachwissenschaft Ansätze beispielsweise von Röber (2009) bzw. Fuchs/Röber-Siekmeyer (2002) für die musikbegleitende Frühförderung des Schriftspracherwerbs folgen und in der Zwischenzeit sogar zweisprachige Förderprojekte im Vorschulbereich darauf ausgerichtet sind (vgl. dazu Ekinci-Kocks/Hoffmann 2012).

Auch (interkulturelle) Förderprogramme im Sinne einer frühen Literalität und einer Family-Literacy verfolgen das Ziel, Kindern vor Schuleintritt den Umgang mit Literatur und Schrift intensiv zu ermöglichen.

> Texte, die in der Erstsprache vorgelesen werden, bilden eine solide sprachliche Basis für eigene Erzählungen und Geschichten. Das bedeutet, dass Literalitätserfahrungen in der Muttersprache das Anbahnen von Literalität in der Zweitsprache erleichtern.

Dies geschieht insbesondere dann, wenn sie besondere textstrukturelle, sprachliche Merkmale bzw. Muster aufweisen. Bei der Textgattung Märchen wären es beispielsweise gattungsspezifische Besonderheiten wie formelhafte Wendungen, Zahlensymbolik, aber auch die hohe Anzahl von Symbolfeldausdrücken (vor allem Adjektive und Nomen). Unterschiedliche Projekte und Forschungsstudien zeigen auch in diesem Bereich, dass ein- bzw. mehrsprachige Kinder in mündlichen sowie auch schriftlichen Erzählungen bekannte Muster zur Strukturierung der eigenen Geschichten nutzen (vgl. dazu z. B. MÜLLER 2009; OHLHUS/QUASTHOFF/STUDE 2006; OHLHUS 2005 a/b)[21].

Unterrichtsprojekte

In einer mehrsprachigen Lese-Arbeitsgruppe einer dritten Jahrgangsstufe einer nordrhein-westfälischen Grundschule bekamen die AG-Teilnehmer einmal in der Woche die Gelegenheit, Bücher und Zeitschriften ihrer Wahl mitzubringen und vorzustellen. Die Besonderheit der Gestaltung dieser Arbeitsgruppe lag darin, zu berücksichtigen, dass nahezu alle Kinder Deutsch als Zweitsprache erlernt hatten und ihre Erstsprachen unterschiedlich waren (Polnisch, Russisch, Türkisch, Tamilisch). Die Offenheit jedoch, mit der sich die Kinder gegenseitig ihre Lieblingsgeschichten und Bücher vorstellten, wirkte sich auch auf den positiven Umgang mit ihren unterschiedlichen Herkunftssprachen aus.

Einstiegsgespräche über persönliche Leseerfahrungen, die zu Beginn jeder Stunde stattfanden, wurden von allen Teilnehmern stets mit großem Interesse verfolgt. In dieser kleinen Runde konnte jeder sein persönliches Ich durch selbst ausgewählte Geschichten in seiner Erst- oder in seiner Zweitsprache vorstellen. Sogar kurze Leseproben in der fremden Sprache ließen die Kinder, wenn auch nur für einen kurzen Moment, einen kleinen Eindruck einer anderen Sprache gewinnen. Für die kleinen Leser bedeutete dies immer besonders gut auf die Präsentation zu achten, da sie durch das Vorlesen in ihrer Muttersprache besonders glänzen konnten und die neugierigen Blicke der Zuhörer sie motivierte, anschließend das Buch vorzustellen und den Inhalt in ihrer Zweitsprache Deutsch kurz wiederzugeben.

21 Vgl. dazu auch den „story-grammar"- Ansatz (z. B. nach BOUEKE et al. 1995)

Geübte Texte vorlesen

Nicht selten wurden in Gruppengesprächen sprach- und kulturübergreifende Gemeinsamkeiten über literarische Figuren oder aber auch Comic-Figuren sowie auch Geschichten entdeckt.

3. Schuljahr Lese-AG: Schüler gestaltet sein eigenes Pop-Up-Buch zu seiner Lieblingsgeschichte

Hinsichtlich der didaktisch-methodischen Überlegungen sind insbesondere die anschließenden praktischen Übungen, die zu verschiedenen Bücher- und Textsorten durchgeführt wurden, zu erwähnen. In der AG wurden nicht nur mehrsprachige Bücher thematisiert, sondern auch die unterschiedlichsten Buchsorten, wie z. B. Pop-Up-Bücher, Treppenbücher, Mini-Bücher als Daumenkino usw. selbst hergestellt. Die Gestaltung eigener Bücher zu unterschiedlichen Themen forderte die Kinder nicht nur in ihrem künstlerischen Geschick. Sie verfassten zu dem jeweiligen Thema bzw. Buchtitel eigene Geschichten zu den Figuren und nutzten die Unterrichtszeit, ihren Mitschülern ihre Geschichten vorzulesen und sich gegenseitig beim Erzählen von Geschichten zuzuhören. Hier galt es also, das Wortmaterial aus den Büchern, die sie gelesen hatten, in ihren Texten einzusetzen und aktiv zu verwenden.

3. Schuljahr Lese-AG: Pop-Up-Buch mit Text zu einer Kindergeschichte

Außerordentlich intensiv haben sich die Kinder in der Arbeitsgruppe mit der Textsorte „Witz“ beschäftigt. Viele von ihnen sammelten mit einer großen Freude Witze aus ihren Zeitschriften, um sie schließlich der Arbeitsgruppe vorzulesen bzw. frei zu erzählen. Für alle diejenigen, die selten Zeitschriften kauften oder mitbrachten, wurde die „Rätselhexe“ als eine kleine Sammlung von lustigen Rätseln vom Finken Verlag zur Verfügung gestellt. Auf diese Weise verbrachten die Kinder freiwillig und mit großer Motivation viel Zeit damit, Rätsel und Witze zu lesen, um die besten anschließend ihren Mitschülern vorzutragen und in ihren eigens hergestellten Witztüten zu sammeln.

Die intensive Leseübung in der Zweitsprache, die dabei unbewusst durch die eigene Motivation vorangetrieben wurde, ist nur ein Teilaspekt. Des Weiteren wurde z. B. durch Scherzfragen wie *„Was ist bei einer Mücke groß und bei einem Kamel klein?“* (Lösung: <m>) die Sprachreflexion gefördert, da in vielen Kinderscherzfragen der Fragesatz mit einem W-Fragewort beginnt und daher die Rätsel in dieser Form sogar syntaktisch vergleichbar bzw. sehr ähnlich aufgebaut sind und leicht übertragen werden können.

Bei dem folgenden Beispiel handelt es sich um einen kleinen Witzvortrag einer Schülerin. Nachdem sie den Witz mehrfach laut gelesen und sich gemerkt hatte, nutzte sie gern die Gelegenheit, um ihn auch den anderen AG-Teilnehmern vorzutragen.

> „Ich kenne einen Witz vom Onkel Fritz
> den darf ich nicht verra.ten, sonst kommen die Solda.ten
> Die schießen mit Toma.ten
> Tomaten sind zu teu.er
> Dann schießen die mit Feu.er
> Feuer ist zu heiß
> Dann schießen `se mit Eis
> Eis ist zu kalt
> Dann gehn' `se in den Wald
> Der Wald ist zu kurz
> Dann machen sie ein Furz.“

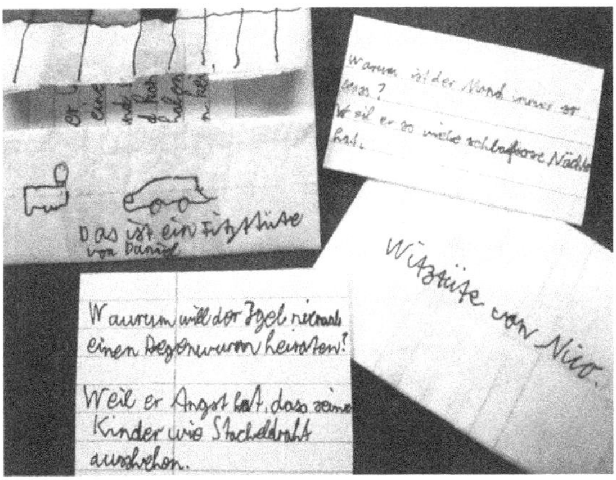

Witztüten

Die Vorteile der Sprachenvielfalt im Klassenraum genießen nicht nur die Schüler, sondern auch die Lehrkräfte. Dehn et al. (2012) fassen die positiven Aspekte zum Einsatz mehrsprachiger Kinderbücher im Wesentlichen wie folgt zusammen:

- Durch den Einsatz mehrsprachiger Kinderliteratur erhöht sich die Unterrichtsbeteiligung.
- Kinder sind lernwillig und zeigen Interesse an unvertrauten Gegebenheiten und bringen von Natur aus das Zutrauen mit, neue Themen, Gegenstände und Sprache(n) zu erforschen.
- Die Schüler erfahren neue Zugangsweisen und Sichten auf Eigenes und Fremdes.
- Das gemeinsame Arbeiten im Team erhöht die soziale Seite und das Prestige aller Sprachen und ihrer Sprecher.

Dabei ist die Tatsache unabdingbar, dass insbesondere *die* Sprachen involviert werden, die in den Lerngruppen präsent sind. Ausschlaggebend ist für Lehrer nicht eine fehlerfreie und kompetente Beherrschung der Erst- bzw. Familiensprachen, sondern das Interesse an der Sprache selbst, um auch den jungen Sprechern zu signalisieren, dass es sich um wertvolle Ressourcen handelt, die ihnen von Haus aus mitgegeben werden. Der positive Einfluss wirkt sich nicht zuletzt auf die Elternkooperation aus, wenn diese ehrlich gemeintes Zutrauen vermittelt bekommen.

Buddy-Reading

Förderung der Lesemotivation

Das sogenannte *Buddy-Reading* stammt aus dem Leseförderprogramm von Rosebrock et al. (2011, 50; vgl. auch didaktische Möglichkeiten in Kap. 2, S. 32). Ausschlaggebend ist bei diesem Verfahren, dass Peergroups zur Förderung der Lesemotivation wesentlich beitragen können. Die verschiedenen Lautleseverfahren, auf die zuvor in Kapitel 2, S. 29 f., näher eingegangen wurde, verfolgen das gemeinsame Ziel, Lesekompetenzen in kooperativer Form zu entfalten.

Zum Ablauf

Gleichaltrige Lesepartner werden von Kindern und Jugendlichen in der Regel viel eher zum Vorbild genommen als Lehrkräfte oder Elternteile. Es fördert die enge Zusammenarbeit zwischen Gleichaltrigen, die sich auch in sprachlich-kommunikativen Handlungsformen zeigt. Dies ist die Kernüberlegung des Buddy-Reading. Das Angebot kann sich nunmehr von einem Tutorensystem über außerschulische Vorleseformen erstrecken, die alle darauf abzielen, individuelle Lesefähigkeiten zu verbessern und darüber hinaus die Lesemotivation anderer Schüler zu steigern. Auch bei diesem Übungsformat haben ROSEBROCK et al. die heterogene Schülerschaft im Blickfeld, auch wenn sie nicht in erst- und zweitsprachlichen Lesekompetenzen unterscheiden, wohl aber die milieuspezifischen Auswirkungen auf Lesemotivation- und Lesekompetenz berücksichtigen und den positiven Einfluss auf das „lesebezogene Selbstkonzept der Teilnehmer" (ebd.) unterstreichen. Ergänzend kann hier mit Blick auf die Anschlusskommunikationen die Vorbildfunktion von fortgeschrittenen Zweitsprachenlesern erwähnt werden. Insbesondere in mehrsprachigen Arbeits- und Lerngruppen, aber auch in einem sehr frühen Lernstadium im Kindergartenalter, kann dies für viele Kinder und Eltern ein positiver Einflussfaktor sein.

Reziprokes Lesen (Kooperatives Lernen)

In Anlehnung an die von ROSEBROCK/NIX (2007) empfohlenen Leselernverfahren, wie z. B. das Lesetandem, wird das reziproke Lesen als weitere Möglichkeit vorgestellt. Das sprachlich-kommunikative Handeln, das sich auch hinter dieser Methode verbirgt, steigert nicht nur die Lesemotivation und den Austausch untereinander, sondern auch ein tieferes Textverstehen mithilfe geübter Leser.

Kooperative Texterschließungstechniken

Beim reziproken Lesen erschließen die Schüler kooperativ einen Text Abschnitt für Abschnitt (vgl. BRÜNING/SAUM 2007)[22]. Wichtig ist, dass die Einzelkompetenzen und Strategien (Lese- und Texterschließungsstrategien) bekannt sind und vorher eingeübt wurden. Reziprokes Lesen ist dahingehend sinnvoll, wenn Kindern Möglichkeiten über gemeinsame Texterarbeitungen dargeboten werden sollen und sie über kooperativ-kommunikative Handlungen ihre sprachliche Ausdruckfähigkeit trainieren können.

Zum Ablauf

Zunächst erfolgt eine Gruppeneinteilung der Schüler, worüber sich der Lehrer im Vorfeld Gedanken machen sollte, ob beispielsweise Kinder mit gleicher Erstsprache zusammenarbeiten sollen.

Anschließend sieht die individuelle Lesephase vor, dass die Kinder zunächst den Text lesen und sich eigenständig mit ihm befassen. Dazu zählt neben der Anwendung von Lesestrategien auch der Einsatz von Texterschließungstechniken, wie z. B. Markieren oder Visualisieren.

22 Zu kooperativen Lernformen im Deutschunterricht vgl. u. a. auch HUBER (2004). Es wird darauf hingewiesen, dass die Übungsform effektiver ist je häufiger sie eingesetzt wird. Die zeitliche Einteilung der Phasen ist wichtig und bedarf gründlicher Überlegungen.

In der nächsten Phase geht es schließlich um die intensive Kooperation innerhalb der Gruppe, in der im Austausch individuelles Wissen mit denen der anderen Teilnehmer verknüpft werden sollte. Diese Phase ist klar strukturiert und gibt den Kindern daher eine gewisse Sicherheit in der Zusammenarbeit. Nachdem sich jeder Teilnehmer mit seiner eigenen Aufgabe befasst hat, werden die Ergebnisse in der Gruppe im Uhrzeigersinn (von (a) nach (b)) zusammengetragen. Zu den Aufgaben der einzelnen Teilnehmer zählen:

(a) Fragen zu wichtigen Informationen im Text formulieren, die die anderen Gruppenmitglieder beantworten müssen
(b) den jeweiligen Text(abschnitt) zusammenfassen
(c) „schwierige" Textstellen und Wörter identifizieren
(d) eine Prognose formulieren, wie die nächsten Abschnitte inhaltlich an diesen Textabschnitt angepasst sind bzw. wie der Text fortgesetzt werden könnte

Welche Möglichkeiten bieten sich in dieser Aufgabenkonstellation zur Differenzierung?
Unter Berücksichtigung der in den vorangehenden Kapiteln diskutierten Stolpersteine und Fördermöglichkeiten, lassen sich auch für diese Form der Gruppenarbeit die folgenden Hilfeleistungen festlegen.

Man hat zunächst die Möglichkeit für die klare Hervorhebung struktureller Gegebenheiten, die Aufgabenverteilungen zu kennzeichnen. Dies kann dadurch geschehen, dass die vier Leser vier unterschiedlich markierte Karten mit den Aufgaben erhalten. Die Aufgabe der Lehrkraft ist es, einzelnen Gruppen oder Kindern Hilfestellungen zu bieten. Dies kann beispielsweise der Fall sein, wenn Kinder Aufgabenformulierungen nicht verstehen. Die Rolle der Lehrenden ist insofern wichtig, da sie dann von den Kindern nicht nur als außenstehende Beobachter wahrgenommen werden, sondern in die Arbeitsphasen involviert sind (auch wenn zunächst Zurückhaltung gefordert wird).

Eine konkrete sprachliche Förderung könnte beispielsweise in den jeweiligen Aufgabenstellungen oder weiterführenden Gruppenaufgaben enthalten sein. Dazu eignen sich beispielhaft W-Fragen, die entweder einzelne Teilnehmer selbst formulieren sollen, oder vorgegebene Fragestellungen zum Text, die sich je nach Schwierigkeitsgrad differenzieren und die Kommunikation innerhalb der Gruppe anregen können. So sind persönliche Stellungnahmen oder Erfahrungsbereiche oftmals viel kritischere und aufwändigere Aufgaben als das Suchen gezielter Informationen.

Planungsraster für das reziproke Lesen[23]

Phasen	Gruppen-organisation	sprachfördernde Maßnahmen
(1) Einzelarbeit a) Alle Teilnehmer müssen den Text(abschnitt) lesen b) Die einzelnen Teilnehmer müssen die Aufgaben, die auf der Karte stehen, bearbeiten: - **A** stellt Fragen zum Text (W-Fragen) - **B** markiert Textstellen und Informationen im Text, die ihm wichtig erscheinen, und notiert sie stichpunktartig (in der Gruppenarbeitsphase soll dann über diese Informationen diskutiert werden, u. a. über ihre Relevanz) - **C** markiert unbekannte Begriffe - **D** stellt Vermutungen auf, was im nächsten Textabschnitt bzw. im Laufe des Unterrichts thematisch folgen könnte	**A** → Text + Aufgaben **B** → Text + Aufgaben **C** → Text + Aufgaben **D** → Text + Aufgaben	- einzelnen Kindern Hilfestellungen geben (z. B. über Begriffsklärungen, Umschreiben, Gespräche in den Herkunftssprachen etc.)
(2) Gruppenarbeit → Textstellen finden und W-Fragen beantworten (Differenzierung: Fragen vorgeben oder selbst W-Fragen formulieren lassen) → Inhalt des Textabschnitts wiedergeben → unbekannte Begriffe bzw. „schwierige" Textstellen klären → elaborative Verfahren einsetzen (z. B. Wissensanwendung auf bereits Gelerntes)	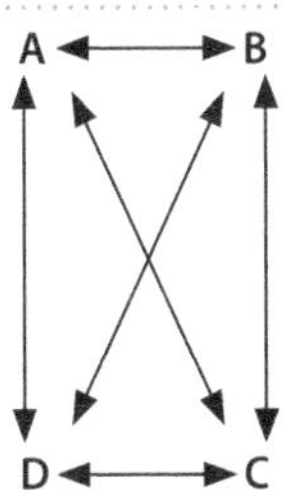	- Schüler ermutigen, gemeinsam Lösungen zu finden, zu diskutieren und den erlernten Themenwortschatz einzusetzen sowie auch ihr Wissen einzubringen (gemeinsam kontextualisieren) - Zwischenfragen stellen (auf bereits Gelerntes hinweisen; Sätze/Gedankengänge vervollständigen)

23 Zu den Phasen und zu der Gruppenorganisation vgl. auch Brüning/Saum 2007

(3) Präsentation: Ergebnissicherung im Plenum	Innerhalb der Gruppe vorher klären, wer die Ergebnisse vortragen soll	Ergebnissicherung; Gelerntes anwenden; Ergebnisse ausformulieren und evtl. vorlesen
(4) Integration: Einbettung in den Unterrichtskontext	Gemeinsames Rekonstruieren des Textes	Einbettung in den Unterrichtskontext

Kopiervorlage

Aufgabenkarten für das reziproke Lesen (Beispiele)

A	B
☺ 1. Lies den Textabschnitt. 2. Schreibe **W-Fragen** zum Text auf. – Wer …? – Was …? – Wann …? – Wo …? – Warum …? – Womit…? – Wozu …? Markiere die Antworten im Text. ☺ ☺ ☺ ☺ Stell deine Fragen den anderen Kindern aus deiner Gruppe. Beantwortet sie gemeinsam und markiert die richtige Textstelle.	☺ 1. Lies den Textabschnitt. 2. Worum geht es in dem Text? Markiere **Textstellen** und **Informationen**, die deiner Meinung nach wichtig sind. Schreibe sie stichpunktartig auf. ☺ ☺ ☺ ☺ Fasse den Inhalt des Abschnitts zusammen. Benutze dabei deine Stichpunkte.
C	**D**
☺ 1. Lies den Textabschnitt. 2. Markiere **Wörter** und **Textstellen**, die du nicht verstehst. ☺ ☺ ☺ ☺ Bitte die anderen Kinder aus deiner Gruppe um Erklärungen. Gibt es noch Fragen, die die anderen haben?	☺ 1. Lies den Textabschnitt. 2. Wie könnte der Text weitergehen? Welche **Informationen** könnten in dem nächsten Abschnitt vorhanden sein? Schreibe deine Ideen kurz auf. ☺ ☺ ☺ ☺ Erzähle den anderen Kindern aus deiner Gruppe, wie der Text weitergehen könnte.

Line-Up: Kooperative Textrekonstruktion

Bei der Methode *Line-Up* handelt es sich ebenfalls um eine kooperative Lernform. Die Arbeitsphasen orientieren sich an den Teilzielen, die mit dieser Übung erreicht werden sollen.

Textabschnitte gemeinsam sortieren

Nachdem ein Text, z. B. eine Erzählung, von der Lehrkraft oder von einem geübten Leser vorgelesen wurde und mögliche sprachliche Schwierigkeiten schon im Vorfeld mit der gesamten Klasse behoben wurden, ist es die Aufgabe der einzelnen Gruppen, Textstreifen zusammenzufügen und den Text gemeinsam zu rekonstruieren. Es ist durchaus möglich, einen Text mehrfach vorzulesen (evtl. zweimal).

Die Textstreifen enthalten zusammengefasste Sinnabschnitte der vorgelesenen Geschichte. Sie sollten nicht zu lang und zu kompliziert sein.

Zum Ablauf

Unterschiedliche Herangehensweisen ermöglichen eine zufällige oder aber bewusst zusammengestellte Gruppe. Ein Beispiel für die zufällig gebildete Gruppe wäre das Ausdrucken der Textstreifen in unterschiedlichen Farben (je nach Textlänge und Anzahl der Gruppenmitglieder[24]). Je nachdem, welche Farbkarte (mit aufgedrucktem Textabschnitt) die Kinder ziehen, müssen sie sich zusammenfinden. Eine andere Variante wäre eine Zusammenstellung der Gruppen im Vorfeld, die sich z. B. nach Leseleistungen, sprachlichen Ausdrucksfähigkeiten oder auch Erstsprachen richten kann.

Nachdem die Schüler jeweils eine Karte gezogen und sie sich durchgelesen haben, setzen sie sich in ihren Gruppen zusammen. Nun gilt es, gemeinsam den Text mithilfe der vorhandenen Abschnitte zu rekonstruieren und sich in der richtigen Reihenfolge aufzustellen (→ Line-Up). Jedes Kind muss sich einbringen, da ansonsten ein Textabschnitt fehlen würde. Hilfestellungen innerhalb der Gruppe sind erlaubt, sodass kein Kind beispielsweise beim Vorlesen in Verlegenheit kommen muss. Da das primäre Ziel dieser Methode nicht in dem Einüben von Lesestrategien liegt, sondern in der Kommunikation, ist es sogar von Vorteil, wenn Kinder Hilfestellungen ihrer Mitschüler annehmen können, um ein gemeinsames Gruppenziel zu erreichen.

24 Je größer die Gruppen zusammengesetzt sind, umso schwieriger wird die Kommunikation innerhalb einer Gruppe. Daher macht es Sinn, kleinere Gruppen mit bis zu vier Teilnehmern zu bilden, damit die Kinder möglichst häufig zu Wort kommen können.

Zum Schluss überprüfen die Kinder ihr Ergebnis, indem sie in der richtigen Reihenfolge ihre Textstreifen vorlesen. Organisatorisch sinnvoll ist es zudem, wenn im Vorfeld ein Kind beauftragt wird, Hilfestellungen zu leisten und die gesamte Gruppe im Blick zu behalten. Auf diese Weise kann vermieden werden, dass in der Aufstellung ein Durcheinander herrscht.

Mithilfe einer Textkopie, in der der gesamte Text bzw. die Textabschnitte in der richtigen Reihenfolge stehen, können sich die einzelnen Gruppen entweder selbst „korrigieren“ oder im Plenum ihre endgültige Fassung vorlesen, sodass die Lehrkraft dies überprüfen kann.

Kooperative Textrekonstruktion in einer mehrsprachigen Lerngruppe

Phaseneinteilung: Planung für die Methode Line-Up	
(1)	Text vorlesen (→ Plenum)
(2)	Auf Verständnisschwierigkeiten im Plenum eingehen (→ Plenum)
(3)	Gruppeneinteilung mithilfe von Textstreifen
(4)	Die jeweiligen Textstreifen zunächst individuell lesen
(5)	Kommunikative Textrekonstruktion innerhalb der Gruppen (→ Gruppenarbeit)
(6)	Line-Up: In einer Reihe „richtig“ aufstellen und den zusammengesetzten Text gemeinsam vorlesen. (→ Ergebnissicherung)

5.3 Leseförderung durch Elternkooperation

In Migrantenfamilien mangelt es nicht grundsätzlich an Bildungsmotivation. Im Gegenteil, die Migration stellt für sie ein Projekt des Aufbruchs dar, das sie mit einem sozialen Aufstieg der Kinder erfolgreich beenden möchten. Um die Laufbahn ihrer Kinder strategisch planen zu können, fehlt ihnen aber oftmals das kulturelle Kapital, also Sprachkenntnisse, Kenntnisse des deutschen Bildungssystems und das Wissen um den richtigen Umgang mit den Lehrern (RAISER 2007)

Leitfragen für dieses Unterkapitel:

- *Welche Möglichkeiten und Formen der Elternkooperation bestehen in Grundschulen?*
- *Wie können Eltern zwei- oder mehrsprachiger Kinder in Bezug auf Leseförderung und Lesemotivation beraten werden?*

Sprachen (wert)schätzen

Dem sozialen Kontext kommt nicht nur beim Erwerb von sprachlichen Fähigkeiten ein zentraler Stellenwert zu, sondern auch im Bereich der Förderung. BRIZIC (2007) und EHLERS (2004) sprechen unabhängig voneinander von einem „Prestige" der Sprache. Dieses Sprachprestige resultiert letztendlich aus einem Zusammenfluss diverser sozioökonomischer Faktoren, wie dem Minderheitenstatus, der Selbstwahrnehmung, der kulturellen Orientierung und den Dominanzverhältnissen zwischen Minderheiten und Mehrheiten (vgl. EHLERS 2004, 6). Persönliche Erfahrungen bezüglich eines Sprachprestiges können die Entwicklung der Lesefähigkeiten fördern oder auch hemmen. Insbesondere die ersten Schuljahre, aber auch die Vorschulzeit stellen hier eine sensible Phase dar, in der Kinder in beiden bzw. allen Sprachen (Familiensprache(n) und Zweitsprache Deutsch) Erfahrungen mit Literalität und erste eigene Leseerfahrungen sammeln können. Dazu zählt nicht nur das Vor- bzw. gemeinsame Lesen von Geschichten, sondern auch das Singen und Nachsprechen von Liedern, Reimen und weiteren Sprachspielen. Sie bilden für Kinder mit Deutsch als Zweitsprache als schriftbasierte Medien und literarische Formen einen wesentlichen Zugang zur konzeptionellen Schriftlichkeit.

Persönliche Erfahrungen und Sprachprestige

Der Einfluss der Familie und des Umfeldes ist auch in der Sozialisation mehrsprachiger Kinder maßgeblich. So treffen die Erklärungen HURRELMANNS (2009, 139) für die Korrelation von Lesesozialisation mit milieuspezifischen Faktoren – wie sie auch in der IGLU-Studie auf diese Weise aufgegriffen und erläutert werden – gleichfalls auch auf Kinder zu, die mehrsprachig aufwachsen:

> *Insgesamt erweist sich, dass es bei der familialen Lesesozialisation um einen Komplex von Anregungen und Unterstützungen geht, die sich nicht nur quantitativ, sondern vor allem qualitativ milieuspezifisch unterscheiden. Implizit kommen unterschiedliche soziokommunikative Fähigkeiten und kulturelle Orientierungen zum Tragen, die sich für die nachwachsende Generation als ‚vererbtes kulturelles Kapital' erweisen.* (Hurrelmann 2009)

Unumstritten ist daher der fördernde Effekt der Literalität innerhalb der Familie und somit für viele Kinder auch in der Erstsprache, wenn diese auch nur bei einem der beiden Elternteile dominant ist. Die Wertschätzung der Familiensprache, die letztendlich auch in eine gezielte Förderung der Zweitsprache und in eine Steigerung der Lesemotivation mündet, zeigt sich auch in Vorleseaktionen innerhalb der Migrantenfamilien (vgl. Kalkavan 2012c, Şenyıldız 2010).

Wichtig
Lesemotivation und Lesefähigkeiten müssen bei zweisprachigen Kindern auch in ihrer Erstsprache gefördert werden.

Elternkooperationen

Die intensive Familienarbeit über Hausbesuche ist die zeitintensivste von allen Kooperationsmöglichkeiten. Sie wird im Regelfall nur in dringenden Fällen in dieser Weise praktiziert, wenn schwerwiegende Faktoren Diskussionsgegenstand sind. Durch den intensiven und außerschulischen Kontakt zu Eltern lässt sich das Sprachinteresse an der Zweitsprache jedoch steigern und möglicherweise zu einer positiveren Entwicklung anregen, denn je größer und intensiver der Kontakt zum Deutschen stattfindet und die sprachliche Qualität beim Input ebenso hochwertig ist, umso schneller und größer sind Lernerfolge beim Zweitspracherwerb zu erwarten. Daher sollte in Beratungsgesprächen nicht nur auf einen „gesunden" Sprachkontakt der Kinder mit dem Deutschen in Sportvereinen etc. hingewiesen werden, sondern auch auf gemeinsame Eltern-Kind-Aktionen sowie auf außer- und innerschulische Lernorte, die außerdem einen Bezug zur Mehrsprachigkeit und Interkulturalität haben sollten.

Sprachkontakte fördern

Die nachfolgenden Kopiervorlagen können zur Unterstützung an Elternabenden bzw. in persönlichen Elterngesprächen als Hilfs- und Informationsmittel eingesetzt werden (*„Was mache ich, wenn ...“ – Lösungsansätze zu möglichen Problemen und Hürden bei der Literalitätsförderung in Erst- und Zweitsprache/ Tipps und Hinweise zur Literalitätsförderung in Erst- und Zweitsprache für Elternabende in deutscher und türkischer Sprache. Den Text in russischer Sprache finden Sie als PDF-Datei unter dem Webcode: LZ051793-007 im Internet.*)[25].

Wichtig
Eltern sollten grundsätzlich hinsichtlich der Förderung der intrinsischen Lesemotivation und Lesekompetenz ihrer Kinder beraten werden.

25 Übersetzung ins Russische von Jana Gamper (Germanistisches Institut/Westfälische Wilhelms-Universität Münster)

Kopiervorlage

„Was mache ich, wenn ..." – Lösungsansätze zu möglichen Problemen und Hürden bei der Literalitätsförderung in Erst- und Zweitsprache

Problem	Lösung
Mein Kind zeigt kein Interesse, wenn ich ihm in der Erstsprache Geschichten vorlese.	Versuchen Sie in Gesprächen herauszufinden, ob es tatsächlich an der Sprache liegt, oder möglicherweise an der jeweiligen Geschichte. Sie sollten ihrem Kind dann nicht zwingend in der Erstsprache vorlesen. Auch wenn Kinder Desinteresse signalisieren, können sie Schritt für Schritt an die Sprache herangeführt werden.
Mein Kind unterbricht mich beim Vorlesen oft und fragt nach Wortbedeutungen oder einer Übersetzung. Dies passiert mal in der Erstsprache und mal in der Zweitsprache Deutsch.	Gehen Sie stets auf die Fragen Ihres Kindes ein. Achten Sie darauf, dass Sie bei Ihren Antworten nicht zwischen den Sprachen wechseln. Bleiben Sie immer möglichst in einer Sprache, auch wenn Ihr Kind zwischen seiner Erst- und Zweitsprache wechselt.
Mein Kind ist während des Vorlesens häufig schnell gelangweilt und unaufmerksam.	Möglicherweise ist die Geschichte zu lang oder nicht interessant genug. Dann sollten Sie die Vorlesezeiten lieber erst kürzer halten und mit der Zeit ausdehnen. Versuchen Sie Ihr Kind außerdem beim Vorlesen in den Prozess aktiv mit einzubeziehen, indem Sie bspw. auf Bilder oder Schriftzeichen zeigen, Mimik und Gestik einsetzen oder Fragen stellen.
Ich kann nicht in beiden Sprachen gut vorlesen (nur in Erst- oder Zweitsprache).	Lesen Sie in der Sprache Bücher vor, in der Sie sich sicher fühlen. Falls Sie beim Vorlesen selbst Unsicherheiten signalisieren und auf das laute Vorlesen konzentriert sind, kann es passieren, dass sich Ihr Kind schnell langweilt und unaufmerksam wird.
Ich komme schnell an meine Grenzen, wenn ich meinem Kind Wortbedeutungen erklären soll.	Wenn Ihr Kind nach einzelnen Wortbedeutungen fragt, müssen Sie die Begriffe nicht immer Eins-zu-Eins übersetzen. Überlegen Sie nach Beispielen oder betten Sie Ihre Erläuterung in einen Kontext ein.

Tipps und Hinweise zur Literalitätsförderung in Erst- und Zweitsprache für Elternabende

Lass uns gemeinsam lesen und erzählen!
1. Motivieren Sie Ihr Kind, mit Ihnen gemeinsam Geschichten zu lesen und Geschichten zu erzählen. Wählen Sie Themen, für die sich Ihr Kind interessiert.
2. Wählen Sie möglichst große bebilderte Bücher mit großen Schriftzeichen.
3. Lesen Sie langsam und betont vor.
4. Achten Sie beim betonten Vorlesen auf Ihre Mimik und Gestik.
5. Regen Sie Ihr Kind dazu an, während des Vorlesens mitzudenken und eigene Fragen zu den Bildern und zum Text zu stellen.
6. Lassen Sie Ihr Kind am Ende die Geschichte antizipieren, nacherzählen und/oder Ihre Fragen beantworten.
7. Nutzen Sie Bilder oder andere Gegenstände, um Ihr Kind zum (Nach)Erzählen oder auch zum Weiterfabulieren anzuregen.
8. Lassen Sie Ihr Kind Bilder zu der vorgelesenen Geschichte malen (Lieblingsstelle, Fortgang der Geschichte usw.).
9. Lassen Sie Ihr Kind „mitlesen", indem Sie mit dem Finger die vorgelesenen Textstellen nachfahren.
10. Lesen Sie Ihrem Kind zu unterschiedlichen Zeitpunkten die gleiche Geschichte mehrfach vor.
11. Lesen Sie Ihrem Kind die Geschichte auch in seiner Erstsprache vor. Nutzen Sie zweisprachige Bilderbücher oder wählen Sie andere Möglichkeiten bzw. Medien.
12. Lassen Sie die Geschichte von Ihrem Kind auch in seiner Erstsprache (nach)erzählen.
Wichtig: Wecken Sie das Interesse Ihres Kindes für Schrift und Sprachen, und zwar für alle Sprachen, die Sie mit Ihrem Kind sprechen!

Kopiervorlage

Tipps und Hinweise zur Literalitätsförderung in Erst- und Zweitsprache für Elternabende (Türkisch)

Beraber okuyalım, beraber anlatalım!
1. Çoğunuzu sizinle beraber kitap okumasına ve hikaye anlatmasına özendirin. Kitap seçiminizde çocuğunuzun ilgi duyduğu konuları tercih edin.
2. Kitapları seçerken resimlerin ve yazının büyük boy olmasına dikkat edin.
3. Kitabı yavaşca, net ve vurgulu okuyun.
4. Okuma sırasında mimiklerinize ve el kol hareketlerinize dikkat edin ve çocuğunuzun hikayeye yönelik ilgisini çekin.
5. Çocuğunuzu okuma sırasında düşünmeye ve hikaye ile ilgili soru sormasına teşvik edin.
6. Hikayeyi okuduktan sonra çocuğunuz mutlaka bir şekilde dinlediği hikayeyi kendi sözleriyle tekrar anlatmasını ve ayrıca sizin sorduğunz soruları cevaplamasını sağlayın.
7. Çocuğunuzun, hikayeyi kendi sözleriyle tekrar anlatması veya hikayenin devamını fantazisini geliştirerek anlatmasını teşvik etmek için resim ve başka nesneleri gösterin.
8. Çocuğunuz hikaye ile ilgili resimler yapsın (örneğin en sevdiği bölümün resmini, hikayenin devamının resmini yapabilir).
9. Çocuğunuzu hikayeyi sizinle birlikte okumasına özendirin. Okuduğunuz yeri takip edebilmesi için parmağınızı okuduğunuz kelimelerin altından gezdirerek ilerletin.
10. Değişik zamanlarda çocuğunuza aynı kitabı bir kaç defa tekrar okuyun.
11. Okuduğunuz kıtabı veya hikayeyi hem Almanca' da hem de Türkçe' de okuyun. Bunun için iki dilli resimli kitapları veya başka medyalar kullanın.
12. Çocuğunuzun hikayeyi Türkçe olarak da anlatmasına sağlayın.
Dikkat: Çocuğunuzu, sizin kullandığınız bütün yazı ve çocuğunuzla konuştuğunuz bütün dillere ilgi göstermesine özendirin!

Literatur

AHRENHOLZ, BERNT (2010): Erstsprache – Zweitsprache – Fremdsprache. In: AHRENHOLZ, BERNT/OOMEN-WELKE, INGELORE (Hrsg.): Deutsch als Zweitsprache. Hohengehren, 3–16.

ALTENBURG, ERIKA (2005): Die ungerechte Lesenote – Aus PISA und PISA lernen. In: GLÄSER, EVA/FRANKE-ZÖLLMER, GITTA (Hrsg.): Lesekompetenz fördern von Anfang an: Didaktische und methodische Anregungen zur Leseförderung. Schneider: Baltmannsweiler, 50–58.

APELTAUER, ERNST (2006a): Sprachliche Frühförderung von Kindern mit Migrationshintergrund. In: APELTAUER, ERNST (Hrsg.): Flensburger Papiere zur Mehrsprachigkeit und Kulturenvielfalt im Unterricht. Heft 42/43.

APELTAUER, ERNST (2006b): Kooperation mit zugewanderten Eltern. In: APELTAUER, ERNST (Hrsg.): Flensburger Papiere zur Mehrsprachigkeit und Kulturenvielfalt im Unterricht. Heft 40/41.

APELTAUER, ERNST (2006c): Förderprogramme, Modellvorstellungen und empirische Befunde. Zur Wortschatz- und Bedeutungsentwicklung bei türkischen Kindern. In: AHRENHOLZ, BERNT (Hrsg.): Kinder mit Migrationshintergrund. Spracherwerb und Fördermöglichkeiten. Fillibach: Freiburg im Breisgau, 11–33.

APELTAUER, ERNST/SENYILDIZ, ANASTASIA (2011): Lernen in mehrsprachigen Klassen – Sprachlernbiographien nutzen. Cornelsen Scriptor: Berlin.

BENHOLZ, CLAUDIA/LIPKOWSKI, EVA (2010): Sachtexte verstehen, wenn Deutsch die Zweitsprache ist. In: Grundschule Mathematik, Nr. 24, 1. Quartal 2010, 16–19. Friedrich Verlag.

BENHOLZ, CLAUDIA/LIPKOWSKI, EVA/IORDANIDOU, CHARITINI (2005): Bedingungen des Textverstehens. Stolpersteine und Fördermöglichkeiten. In: BARTNITZKY, HORST/SPECK-HAMDAN, ANGELIKA (Hrsg.): Deutsch als Zweitsprache lernen. Beiträge zur Reform der Grundschule Band 120. Grundschulverband Arbeitskreis: Grundschule Frankfurt am Main, 242–258.

BENHOLZ, CLAUDIA/SCHROEDER, CHRISTOPH (2003): Erstsprache – Zweitsprache – Fachsprache. Was macht Texte schwierig und wie macht man sie leicht. In: Landesinstitut für Schule und Weiterbildung (Hrsg.): Fachsprachliche Förderung mit Kindern der Klassen 2 und 3 ohne ausreichende Deutschkenntnisse. Ein Schulentwicklungsprojekt im Regierungsbezirk Düsseldorf. Landesinstitut: Soest, 12–23.

BENHOLZ, CLAUDIA/LIPKOWSKI, EVA/IORDANIDOU, CHARITINI (2005): (1999): Erstlesen und Erstschreiben mit Schülerinnen und Schülern unterschiedlicher Muttersprachen. In: Deutsch lernen 3/1999, 253–272.

BESCHLÜSSE DER KULTUSMINISTERKONFERENZ (2004): Bildungsstandards im Fach Mathematik für den Primarbereich. Luchterhand.

BÖNNIGHAUSEN, MARION (2009): Auf dem Weg zur ‚Leseschule'. In: Schule NRW 3/2009, 102–106.

BOS, WILFRIED/HORNBERG, SABINE/ARNOLD, KARL-HEINZ/FAUST, GABRIELE/FRIED, LILIAN/ LANKES, EVA-MARIA/ SCHWIPPERT, KNUT/TARELLI, IRMELA/VALTIN, RENATE (Hrsg.) (2010): IGLU 2006 – die Grundschule auf dem Prüfstand. Vertiefende Analysen zu Rahmenbedingungen schulischen Lernens. Waxmann: Münster.

BOS, WILFRIED/HORNBERG, SABINE/ARNOLD, KARL-HEINZ/FAUST, GABRIELE/FRIED, LILIAN/ LANKES, EVA-MARIA/ SCHWIPPERT, KNUT/TARELLI, IRMELA/VALTIN, RENATE (Hrsg.) (2007): IGLU 2006. Lesekompetenzen von Grundschulkindern in Deutschland im internationalen Vergleich. Waxmann: Münster.

BOUEKE, DIETRICH/SCHÜLEIN, FRIEDER/BÜSCHER, HARTMUT/WOLF, HARTMANN/WOLF, TERHORST (1995): Wie Kinder erzählen. Untersuchungen zur Erzähltheorie und zur Entwicklung narrativer Fähigkeiten. Fink: München.

Bremerich-Vos, Albert/Granzer, Dietlinde/Behrens, Ulrike/Köller, Olaf (Hrsg.) (2009) Bildungsstandards für die Grundschule: Deutsch konkret. Cornelsen: Berlin.

Brizic, Katharina (2007): Das geheime Leben der Sprachen. Gesprochene und verschwiegene Sprachen und ihr Einfluss auf den Spracherwerb in der Migration. Waxmann: Münster.

Bruns, Christiane/Jochmann, Eva/Mai, Irmgard u. a. (Hrsg.) (2008): Tinto. Sprach-Lesebuch. Cornelsen: Berlin.

Brüning, Ludger/Saum, Tobias (2007): Erfolgreich unterrichten durch Kooperatives Lernen. Strategien zur Schüleraktivierung. Neue Deutsche Schule Verlagsgesellschaft mbH: Essen.

Dehn, Mechthild/Oomen-Welke, Ingelore/Osburg, Claudia (2012): Kinder & Sprache(n). Was Erwachsene wissen sollten. 1. Auflage. Klett/Kallmeyer: Seelze-Velber.

Ehlers, Swantje (2010) Lesekompetenz in der Zweitsprache. In: Ahrenholz, Bernt/Oomen-Welke, Ingelore (Hrsg.): Deutsch als Zweitsprache. Fillibach: Freiburg im Breisgau.

Ehlers, Swantje (2006): Das Konzept einer funktionalen Biliteralität. In: Ehlers, Swantje (Hrsg.): Sprachförderung und Literalität. In: Apeltauer, Ernst (Hrsg.): Flensburger Papiere zur Mehrsprachigkeit und Kulturenvielfalt im Unterricht. Universität Flensburg, 7–14.

Ehlers, Swantje (2004) Lesen in der Zweitsprache und Fördermöglichkeiten. In: Deutschunterricht 4/2004. Friedrich Verlag, 4–10.

Ehlers, Swantje (2003): Das Leseverständnis von Migrantenkindern/L2-Lesestrategien. In: Abraham, Ulf/Bremerich-Vos, Albert/Frederking, Volker/Wieler, Petra (Hrsg.): Deutschdidaktik und Deutschunterricht nach PISA. Fillibach: Freiburg im Breisgau, 215–227.

Ehlers, Swantje (2002): Lesesozialisation zugewanderter Sprachminderheiten. In: Hug, Michael/Richter, Sigrun (Hrsg.): Ergebnisse soziologischer und psychologischer Forschung. Impulse für den Deutschunterricht. Baltmannsweiler, 44–61.

Ehlers, Swantje (1995): Kooperatives Lernen und Transfer von Lesestrategien. In: Die neueren Sprachen 94/5, 1995, 479–489.

Ehlich, Konrad/Bredel, Ursula/Reich, Hans H. (2008): Referenzrahmen zur altersspezifischen Sprachaneignung. Bildungsforschung Band 29/I. BMBF: Bonn/Berlin.

Ekinci-Kocks, Yüksel/Hoffmann, Ludger (2012): Wortschatzarbeit im Blick auf den Schrifterwerb – Projekt „Wortschatzentwicklung und Wortschatzarbeit bei mehrsprachigen Kindern im Übergangsbereich Vorschule-Schule". In: Griesshaber, Wilhelm/Kalkavan, Zeynep (2012): Orthographie- und Schriftspracherwerb bei mehrsprachigen Kindern. Fillibach: Freiburg im Breisgau.

Ekinci-Kocks, Yüksel (2011): Funktionaler Wortschatz für Kinder mit Deutsch als Zweitsprache. Wortschatzvermittlung in Elternhaus, Kindergarten und Schule. Schneider: Baltmansweiler.

Fuchs, Mechthild/Röber-Siekmeyer, Christa (2002): Elemente eines phonologisch bestimmten Konzepts für das Lesen- und Schreibenlernen: die musikalische Hervorhebung prosodischer Strukturen. In: Tophinke, Doris/Röber-Siekmeyer, Christa (Hrsg.): Diskussionsforum Deutsch: Vol. 10. Schärfungsschreibung im Fokus. Zur schriftlichen Repräsentation sprachlicher Strukturen im Spannungsfeld von Sprachwissenschaft und Didaktik. Schneider: Baltmannsweiler, 98–123.

Gold, Andreas/Nix, Daniel/Riekmann, Carola/Rosebrock, Cornelia (2010): Bedingungen des Textverstehens bei leseschwachen Zwölfjährigen mit und ohne Zuwanderungsgeschichte. In: Deutsch Didaktik 28/2010. Schneider: Hohengehren.

Grabow, Annkathrin (2005): Das Leseklima in türkischen Migrantenfamilien. Eine explorative Untersuchung auf der Basis von vier Fallstudien. In: Apeltauer, Ernst (Hrsg.): Flensburger Papiere zur Mehrsprachigkeit und Kulturenvielfalt im Unterricht. Sonderheft 2.

Griesshaber, Wilhelm (2010): Spracherwerbsprozesse in Erst- und Zweitsprache. Eine Einführung. Universitätsverlag Rhein-Ruhr: Duisburg.

Griesshaber, Wilhelm (2007a): Lesen mit nichtdeutschsprachigen Kindern. In: Meyer, Claudia (Hrsg.): Bis zum Lorbeer versteig ich mich nicht: Festschrift für Jürgen Hein. Ardey: Münster, 333–343.

Griesshaber, Wilhelm (2007b): Grammatik und Sprachstandsermittlung im Zweitspracherwerb. In: Köpcke, Klaus-Michael/Ziegler, Arne (Hrsg.): Grammatik in der Universität und für die Schule. Niemeyer: Tübingen, 185–198.

Griesshaber, Wilhelm (2006a): Testen nichtdeutschsprachiger Kinder bei der Einschulung mit dem Verfahren der Profilanalyse – Konzeption und praktische Erfahrungen. In: Ahrenholz, Bernt/Apeltauer, Ernst (Hrsg.): Zweitspracherwerb und curriculare Dimensionen. Empirische Untersuchungen zum Deutschlernen in Kindergarten und Grundschule. Stauffenburg: Tübingen, 73–90.

Griesshaber, Wilhelm (2006b): Die Entwicklung der Grammatik in Texten vom 1. bis zum 4. Schuljahr. In: Ahrenholz, Bernt(Hrsg.): Kinder mit Migrationshintergrund – Spracherwerb und Fördermöglichkeiten. Fillibach: Freiburg im Breisgau, 150–167.

Griesshaber, Wilhelm/Özel, Bilge/Rehbein, Jochen (1996): Aspekte von Arbeits- und Denksprache türkischer Schüler. In: Unterrichtswissenschaft Heft 24/1996, 3–20.

Groeben, Norbert (2001): Literalität: Modewort oder alter Hut oder neue Aufgabe. In: Pädagogik, Heft 6/2001, 6–9.

Groeben, Norbert/Hurrelmann, Bettina (Hrsg.) (2009): Lesekompetenz. Bedingungen, Dimensionen, Funktionen. 3. Auflage. Juventa Verlag: Weinheim, München.

Grotjahn, Rüdiger (1995): Zweitsprachliches Leseverstehen: Grundlagen und Probleme der Evaluation. In: Die neueren Sprachen: Zeitschrift für Forschung und Unterricht auf dem Fachgebiet der modernen Fremdsprachen. ZDB (94/1995). Diesterweg: Frankfurt/ M. u. a.

Hoffmann, Ludger/Ekinci-Kocks, Yüksel (Hrsg.) (2011): Sprachdidaktik in mehrsprachigen Lerngruppen. Schneider: Baltmannsweiler.

Huber, Anne A. (2004) Kooperatives Lernen – kein Problem. Effektive Methoden der Partner- und Gruppenarbeit. 1. Auflage. Leipzig: Klett.

Hurrelmann, Bettina (2009): Sozialhistorische Rahmenbedingungen von Lesekompetenz sowie soziale und personale Einflussfaktoren. In: Groeben, Norbert/Hurrelmann, Bettina (Hrsg.): Lesekompetenz. Bedingungen, Dimensionen, Funktionen. 3. Auflage. Juventa Verlag: Weinheim, München, 123–149.

Hurrelmann, Bettina (2004): Informelle Sozialisationsinstanz Familie. In Groeben, Norbert/Hurrelmann, Bettina (Hrsg.): Lesesozialisation in der Mediengesellschaft. Ein Forschungsüberblick. Juventa: Weinheim, München.

Hurrelmann, Bettina (2002): Prototypische Merkmale der Lesekompetenz. In: Groeben, Norbert/Hurrelmann, Bettina (Hrsg.): Lesekompetenz. Bedingungen, Dimensionen, Funktionen. Weinheim, München, 275–286.

Hurrelmann, Bettina (2002): „Leseleistung – Lesekompetenz." In: Praxis Deutsch 176, 6–18.

Jeuk, Stefan/Schäfer, Joachim (2009): Schriftsprache erwerben. Cornelsen Scriptor: Berlin.

Kalkavan, Zeynep (2012a): Zweisprachigkeit in der Grundschule. In: Fuoss-Bühler, Simone/Bühler, Hans (Hrsg.): Interkulturelles Lernen in der Grundschule. Wer lernt von wem? Cornelsen Scriptor: Berlin, 34–41.

Kalkavan, Zeynep (2012b): Aufgaben im DaZ-Unterricht. Anforderungen an einen Unterricht mit Kindern nichtdeutscher Herkunftssprachen. In: Deutsch differenziert, 1/2012.

Kalkavan, Zeynep (2012c): Sprachliche und textstrukturelle Gemeinsamkeiten sowie Unterschiede in mündlichen und schriftlichen Textwiedergaben in der Zweitsprache. Erscheint in: Hoffmann, Ludger/Ekinci-Kocks, Yüksel/Leimbrink, Kerstin/Selmani, Lirim (Hrsg.): Tagungsband. Internationale Tagung „Nach 50 Jahren – Migration – Mehrsprachigkeit – Bildung" an der TU Dortmund – 14.–15.10.2011.

Kalkavan, Zeynep (2011a): Lesen in mehrsprachigen Lerngruppen. In: Deutsch differenziert 4/2011, 28–36.

Kalkavan, Zeynep (2011b): Zweisprachiges Literaturprojekt: Hexe Lilli – Cadı Lilli (Deutsch – Türkisch). In: Conrady, Peter (Hrsg.): Zum Lesen verlocken. Arena Verlag: Würzburg.

Kalkavan, Zeynep (2011c): Kooperative Lernmethoden. Lesen. Klasse 1. Bergedorfer Methodentraining. Persen: Buxtehude.

Kalkavan, Zeynep (2010): Kooperatives mündliches und schriftliches Sprachhandeln in fächerübergreifenden Unterrichtseinheiten. In: Hoffmann, Ludger/Ekinci-Kocks, Yüksel (Hrsg.): Sprachdidaktik in mehrsprachigen Lerngruppen. Schneider: Baltmannsweiler, 144–163.

Knapp, Werner (1999): Verdeckte Sprachschwierigkeiten. In: Die Grundschule 5/1999, 30–33.

Köster, Juliane/Rosebrock, Cornelia (2009): Lesen – mit Texten und Medien umgehen. In: Bremerich-Vos, Albert/ Granzer, Dietlinde/ Behrens, Ulrike/ Köller, Olaf (Hrsg.): Bildungsstandards für die Grundschule: Deutsch konkret. Cornelsen Scriptor: Berlin, 104–138.

Kuhs, Katharina (1991): Leseverstehen und Textentlastung. In: Die Grundschulzeitschrift 43/1991, 22–24.

Kuyumcu, Reyhan (2006): Zur Entwicklung von (Bi)Literalität bei zwei türkischen Migrantenkindern im Vorschulalter. In: Ehlers, Swantje (Hrsg.): Sprachförderung und Literalität. In: Apeltauer, Ernst (Hrsg.): Flensburger Papiere zur Mehrsprachigkeit und Kulturenvielfalt im Unterricht. Universität Flensburg, 52–70.

Leisen, Josef (2007): Lesen in allen Fächern. In: Bertschi-Kaufmann, Andrea (Hrsg.): Lesekompetenz – Leseleistung – Leseförderung. Grundlagen, Modelle und Materialien.: Friedrich Verlag: Seelze-Velber.

Lütke, Beate (2009): Lesen in der Zweitsprache. In: Deutsch differenziert 2/2009, 30–35.

Müller, Claudia (2009): Literate Sprachformen gebrauchen. In: Die Grundschulzeitschrift 225/226, 86–89.

Müller, Annette (2005): Lesen in der Zweitsprache und die Forderung des Verstehens fachlicher Texte. In: Meslek, Evi (Hrsg.): Studienbrief Deutsch als Zweitsprache in der beruflichen Bildung: fünf Studienbriefe zur Fortbildung von Lehrkräften. Berlin.

Ohlhus, Sören (2005a): Schreibentwicklung und mündliche Strukturierungsfähigkeiten. In: Feilke, Helmuth/Schmidlin, Regula (Hrsg.): Literale Textentwicklung. Untersuchungen zum Erwerb von Textkompetenz. Reihe: Angewandte Linguistik, Band 45. Peter Lang: Frankfurt a. M. u. a., 43–68.

Ohlhus, Sören (2005b): Der Erwerb von Phraseologismen als Teil des Erwerbs von Erzählfähigkeiten. In: Der Deutschunterricht 5/2005, 72–80.

Ohlhus, Sören/Quasthoff, Ulla/Stude, Juliane (2006): Vom Erzählen zum Text. In: Grundschule 12/2006, 30–31.

Oomen-Welke, Ingelore/Kühn, Peter (2009): Sprache und Sprachgebrauch untersuchen. In: Bremerich-Vos, Albert/Granzer, Dietlinde/Behrens, Ulrike/Köller, Olaf (Hrsg.): Bildungs-

standards für die Grundschule: Deutsch konkret. Cornelsen Scriptor: Berlin, 139–184.
OOMEN-WELKE, INGELORE(2003): Lesen, verstehen und verstehbar machen. Ein Sachtext - Beobachtungen beim Lesen mit türkischen Drittklässern. In: BRINKMANN, ERIKA/KRUSE, NORBERT/OSBURG, CLAUDIA (Hrsg.): Kinder schreiben und lesen. Beobachtungen - Verstehen - Lehren. DGLS - Jahrbuch. Fillibach: Freiburg im Breisgau, 165–177.
REHBEIN, JOCHEN (2010a): Die Sprachblockade. In: Grundschule Heft 2/2010, 28–30.
REHBEIN, JOCHEN (2010b): Sprecht zu Hause Türkisch. In : Grundschule Heft 2/2010, 38–39.
REHBEIN, JOCHEN (2007): Erzählen in zwei Sprachen - auf Anforderung. In: MENG, KATHARINA/REHBEIN, JOCHEN (Hrsg.): Kindliche Kommunikation - einsprachig und mehrsprachig. Waxmann: Münster u. a., 393–459.
REHBEIN, JOCHEN (1997): Ein Analyse-Schema für fachliche Texte (Sachkunde- und naturwissenschaftliche Texte), die im DaZ-Unterricht verwendet werden. Germanisches Seminar (mimeo): Hamburg.
REHBEIN, JOCHEN (1987): Diskurs und Verstehen. Zur Rolle der Muttersprache. Textverarbeitung in der Zweitsprache. In: APELTAUER, ERNST (Hrsg.): Gesteuerter Zweitspracherwerb: Voraussetzungen und Konsequenzen für den Unterricht. 1. Auflage. Hueber: München [i. e. Ismaning], 113–172.
REHBEIN, JOCHEN/GRIESSHABER, WILHELM (1996): L2-Erwerb versus L1-Erwerb: Methodologische Aspekte ihrer Erforschung. In: EHLICH, KONRAD (Hrsg.): Kindliche Sprachentwicklung. Opladen, 67–119.
REICH, HANS-H. (1990): Auf dem Weg zum Lesen in der Zweitsprache. In: LIST, GUDULA/LIST, GÜNTHER (Hrsg.): Gebärde, Laut und graphisches Zeichen. Schrifterwerb im Problemfeld von Mehrsprachigkeit. Westdeutscher Verlag: Opladen, 132–145.
RÖBER, CHRISTA (2009): Die Leistungen der Kinder beim Lesen und Schreibenlernen. Grundlagen der Silbenanalytischen Methode. Schneider: Baltmannsweiler.
ROSEBROCK, CORNELIA/NIX, DANIEL (2007): Grundlagen der Lesedidaktik und der systematischen schulischen Leseförderung. Schneider: Baltmannsweiler.
ROSEBROCK, CORNELIA/GOLD, ANDREAS/NIX, DANIEL/RIECKMANN, CAROLA (2011): Leseflüssigkeit fördern: Lautleseverfahren für die Primar- und Sekundarstufe. Kallmeyer/Klett: Seelze bei Velber.
SCHÄDLICH, HANS-JOACHIM (2010): Der Sprachabschneider. Rororo Verlag.
ŞAHINER, PEMBE (2012): Phasen und Besonderheiten des Schriftspracherwerbs bei bilingual deutsch-türkischen Grundschulkindern. In: GRIESSHABER, WILHELM/KALKAVAN, ZEYNEP (Hrsg.): Orthographie- und Schriftspracherwerb bei mehrsprachigen Kindern. Fillibach Verlag: Freiburg im Breisgau.
SANDFUCHS, UWE (2012): Adiles Heimaten. Ein Kinderbuch zum Thema Migration. In: Grundschule 1/2012.
SANDFUCHS, UWE (2010): Schwere Texte - leichte Texte. Leseförderung durch Textoptimierung. In: Grundschule 3/2010, 44–45.
SCHMIDINGER, ELFRIEDE (2007): Individuelle Leseförderung mit Leseportfolios. In: BERTSCHI-KAUFMANN, ANDREA (Hrsg.): Lesekompetenz - Leseleistung - Leseförderung. Klett/Kallmeyer: Seelze-Velber, 140–152.
ŞENYILDIZ, ANASTASIA (2010): Wenn Kinder mit Eltern gemeinsam Deutsch lernen. Soziokulturell orientierte Fallstudien zur Entwicklung erst- und zweitsprachlicher Kompetenzen bei russischsprachigen Vorschulkindern. Stauffenburg: Tübingen.

Siebert-Ott, Gesa (2003): Entwicklung der Lesefähigkeiten im mehrsprachigen Kontext. In: Bredel, Ursula/Günther, Hartmut/Klotz, Peter/Ossner, Jakob/Siebert-Ott, Gesa (Hrsg.): Didaktik der deutschen Sprache. Ein Handbuch. Band 1. Schöningh: Paderborn u. a., 536–547.

TINTO Lesebuch, Klasse 4 (2008). Cornelsen Verlag: Berlin, 76 f.

Urbanek, Rüdiger (1983): Lesenlernen in der Regelklasse. In: Bartnitzky, Horst (Hrsg.): Auf dem Weg zum differenzierten Schulalltag. Arbeitskreis Grundschule e. V.: Frankfurt am Main, 93–108.

Wedel-Wolff, von Annegret (2005): Einen schwierigen Text verstehen lernen. Lesestrategien in der Grundschule vermitteln. In: Grundschule 4/2005, 38–42.

Wespel, Manfred (2005): Schwierige Texte: Stolpersteine erkennen und überwinden. In: Grundschule 4/2005, 30–34.

Internetpublikationen

Ahrens-Drath, Regine (2007): Lese-Info 8. Deutsch als Zweitsprache. Hessisches Kultusministerium. http://mediathek.bildung.hessen.de/material/grundschule/deutsch/lesen/Lese_Info_8.pdf (Zugriff am 21.03.2012).

Bos, Wilfried/Hornberg, Sabine/Arnold, Karl-Heinz/Faust, Garbriele/Fried, Lilian/Lankes, Eva-Maria/Schwippert, Knut/Valtin, Renate (Hrsg.) (2008): IGLU-E 2006. Lesekompetenzen von Grundschulkindern in Deutschland im internationalen Vergleich. Waxmann: Münster. Zusammenfassung: http://iglu.ifs-dortmund.de/assets/files/iglu06_band2_pressemappe_farbig.pdf (Zugriff am 21.03.2012).

Europass http://europass.cedefop.europa.eu/de/resources/european-language-levels-cefr (Zugriff am 21.03.2012).

Goethe-Institut. Gemeinsamer europäischer Referenzrahmen für Sprachen: Lernen, lehren, beurteilen.http://www.goethe.de/z/50/commeuro/deindex.htm (Zugriff am 21.03.2012).

Raiser, Ulrich (2007): Netzwerk Migration e. V./Migration Info-de. Ein Projekt des Netzwerks Migration in Europa und der Bundeszentrale für politische Bildung. Newsletter. Ausgabe 10/ Dezember 2007. http://www.migration-info.de/mub_artikel.php?Id=071003 (Zugriff am 21.03.2012).

Schreib-Lese-Zentrum Münster (Wissenschaftliche Leitung: Prof. Dr. Marion Bönnighausen) http://www.uni-muenster.de/Germanistik/Organisation/Didaktik/SLZ/index.html (Zugriff am 21.03.2012).

Schulministerium NRW http://www.standardsicherung.schulministerium.nrw.de/cms/upload/integrationsstellen/docs/04a_Foerdermassnahmen_DaZ_DaM.pdf (Zugriff am 21.03.2012).